빛깔있는 책들 ●●●
282

고인돌

글 ㅣ유태용·김영창
사진ㅣ김윤종·한성희

╫ 대원사

동트는 새벽의 고창 도산리 고인돌

고인돌

저자 소개

글 | 유태용

한양대학교 문화인류학과 졸업, 미국 Oklahoma City University 인문학과 문학석사, 미국 Wichita State Univerciy 인류학과 문학석사, 한양대학교 사학과 문학박사(사회고고학 전공). 서울대학교 인문대학 선임연구원과 경기대학교박물관 연구 교수를 거쳐 인하대학교 융합고고학과 겸임교수와 (재)서해문화재연구원 원장으로 활동하고 있다. 저서로는『인류의 문화를 찾아서』·『문화란 무엇인가』·『한국 지석묘 연구』등이 있고, 논문으로는「한국 청동기시대 지석묘 사회 연구」·「지석묘의 형식과 축조 연대에 대한 재검토」·「지석묘 출토 옥기의 정치적 성격에 대한 연구」등이 있다.

글 | 김영창

연세대학교 문과대학을 졸업하였으며, 문화재청 행정모니터·강화고인돌축제 집행위원 〈교동사랑회〉 대표를 역임하였다. 현재 문화유산답사회〈우리얼〉고문, 〈고인돌사랑회〉 대표로 활동 중이다. 저서로는『세계유산 강화 고인돌』(공저)·『세계유산 강화 고인돌 탐방』(공저) 등이 있으며, 논문으로는「강화 고인돌 보존의 제문제점」·「고인돌과 지명의 상관관계」·「세계유산 강화 고인돌의 성격」등이 있다.

사진 | 김윤종

부경대학교 경영학과 졸업, 〈예술사진동호회〉사진전에 작품을 다수 출품하였으며, 현재〈예술사진동호회〉 회장으로 활동하고 있다.

사진 | 한성희

단국대학교 불어불문학과 졸업, 강화문화재협회 특별관리인, 강화도래미마을 사무국장, 강화관광진흥협회추진위원장, 〈고인돌사랑회〉 부대표를 역임하였다.

차 례

말하는 돌, 고인돌

고인돌과 거석문화

고인돌이란?

고인돌은 한마디로 말하면, '지금으로부터 약 3000년 전쯤에 세운 고대인의 무덤'이라고 할 수 있다. 역사가 기록되기 이전, 이 땅에서 묵묵히 자리를 지키면서 무엇인가를 말하고 있는 고인돌은 일찍부터 빛나는 문화를 창조한 슬기로운 재능과 지혜로운 협동심으로 이루어 낸 우리 조상의 정신세계를 엿볼 수 있는 귀중한 문화유산이다.

세계적으로 널리 분포되어 있는 거석문화 중 하나인 고인돌은 동북아시아에 집중적으로 분포되어 있다. 특히 북한을 포함하여 4만여 기가 분포하는 한반도에 세계에서 가장 많은 고인돌이 분포하고 있다.

고인돌은 '괴어 있는 돌'이란 뜻의 '지석묘(支石墓)'를 우리말로 표현한 것으로, '지석묘'와 혼용되었다. 그런데 최근 발굴 성과와 더불어 무덤의 기능만이 아니라는 주장, 그리고 우리말 찾기 등의 차원에서 현재는 문화재 명칭상 대부분 '고인돌'을 학술용어로 사용하고 있다.

우리나라의 고인돌은 주로 청동기시대에 조성되었으며, 동남아시아에서는 선사시대에서 역사시대까지, 서유럽 지역에서는 신석기시대에서 청동기시대 초기까지 축조되었다. 고인돌은 주로 경제력이 있거나 정치권력을 가진 지배층의 무덤으로 추정되는데, 공동 무덤을 상징하는 '묘표석(墓標石)', 종족이나 집단의 모임 장소나 의식을 행하는 '제단(祭壇)', 또는 '기념물'로도 이해하고 있다.

우리나라 고인돌에서 찾을 수 있는 신비감의 첫째는 그 엄청난 수에 있다. 전 세계적으로 한반도에서 조사된 고인돌은 그 밀집도가 매우 높은데, 남북한을 통틀어 4만 기 이상의 고인돌이 한반도에 분포되어 있다. 우리나라 외 다른 나라에 분포한 고인돌의 총 숫자가

김해 구지봉 고인돌

2만 기에도 미치지 못한다는 점을 감안한다면, 우리나라는 가히 '고인돌의 왕국'이라고 할 수 있을 것이다. 둘째는 그 큰 고인돌을 어떻게 운반하여 어떻게 만들었느냐는 점이다. 황해도 은율 관산리 고인돌의 경우 덮개돌의 길이가 무려 9m에 이른다. 이렇게 넓고 긴 돌을 떼어 내는 기술은 기계를 이용하지 않은 당시를 감안할 때 매우 놀라운 것이다. 또 화순의 핑매바위 고인돌은 200톤이 넘는 무게를 자랑하는데, 이 무거운 돌을 운반한 자체가 신기할 뿐만 아니라 받침돌 위로 엄청난 무게의 덮개돌을 어떻게 올렸는지 그 또한 놀랍다. 셋째는 탁자식 고인돌을 보면 2m 정도 높이의 받침돌이 수십 톤의 덮개돌을

고창 고인돌(ⓒ김사곤)

받치고 수천 년을 버텨 냈는데, 그 탁월한 건축술 또한 신비하다. 덮개돌을 오랫동안 버티도록 안으로 4~5° 정도의 기울기를 준 것 등은 당시의 건축술이 매우 탁월했음을 잘 보여 준다.

우리나라의 전남 화순, 전북 고창 및 인천 강화의 고인돌은 그 가치가 인정되어 2000년에 유네스코 세계유산으로 등재되었다. 북한에 분포하고 있는 많은 고인돌도 빠른 시일 내에 세계유산으로 등재되어야 할 것이다. 또 중국의 요령 지방에 분포하는 거대한 고인돌도 세계유산으로 지정될 충분한 자격이 있는 우리 한민족의 중요한 고고학적 문화유산이다.

거석문화

'거석(巨石, Megalith)'이란 하나의 구조물이나 기념물 또는 그 일부로 사용된 커다란 돌을 말하며, '거석물(Megalithic)'은 인간 행위에 의해 직접적인 대상물, 즉 돌로 만든 대형 구조물을 뜻한다. '거석문화(巨石文化, Megalithic Culture)'는 자연 혹은 가공한 돌을 숭배의 대상물이나 무덤으로 이용한 문화로, 선사시대에 속한 기념물이나 거석 무덤 등에 국한하기도 한다. 거석문화는 세계적으로도 북유럽, 서유럽, 지중해 연안, 인도, 동남아시아, 동북아시아, 남아메리카 등지에 광범위하게 분포한다. 지역에 따라 다양한 형태의 거석문화가 나타나지만 범세계적인 거석문화의 종류로는 고인돌, 선돌, 열석(列石), 환상열석(環狀列石), 석상(石像) 등이 있다.

거석 기념물은 신석기시대부터 축조되기 시작하였다고 하나 지역에 따라 그 형태나 시기가 달리 나타나고 있다. 유럽의 거석문화 유적은 약 6만 기가 분포되어 있는 것으로 알려져 있다. 그중 선돌이나 열석이 대부분이며, 고인돌의 숫자는 그리 많지 않다.

선돌

하나의 돌을 수직으로 세워 놓은 형태로, 고인돌과 함께 한국 청동기시대의 거석문화를 대표하는 유적이다. 선돌은 일반적으로 생산과 풍요를 기원하는 기자(祈子) 신앙이나 남근(男根) 숭배와 관련된 것으로 보고 있다. 선돌은, 한국에서는 단독으로 축조되고 있지만 유럽의 프랑스나 영국에서는 수십 기에서 수천 기가 열을 지어 분포하기도 한다. 반면에 한국에서는 고인돌과 함께 분포하는 경우가 많은데, 이는 청동기시대에 무덤의 용도로 고인돌을 만들었다면 마을에 침입하는 액을 막고 '고인돌'이라는 무덤을 보호하려는 의도에서 고인돌 주변에 세웠을 것으로 추정된다.

열석

열석은 선돌이 한 줄이나 여러 줄로 열지어 세워진 석렬(石列) 유적이다. 열석은 유럽의 영국이나 프랑스, 그리고 동남아시아 일대에서 다수 발견된다.

특히 프랑스 카르나크(Carnac) 마을에는 3천여 개 이상의 선돌이 3개 구역으로 나뉜 형태로 열석이 축조되어 있다. 열석은 '제사' 또는 '동지' 같은 천문 현상과 관련된 의례 행위를 위해 축조된 것으로 현지 고고학자들은 보고 있다.

몽골 알타이 지역 초원의 선돌

프랑스 브르타뉴 지방 카르나크 마을의 열석

영국의 환상열석 스톤헨지

칠레 이스터 섬의 모아이 석상

환상열석

환상열석은 선돌을 환상으로 둥글게 배열한 형태의 유적을 말하며, 이때 선돌을 일렬 또는 이중이나 삼중으로 중첩하여 배열하기도 한다. 영국의 '스톤헨지(Stonehenge)'가 대표적인 환상열석 유적이다.

석상

석상은 제주도의 돌하르방과 같이 사람의 얼굴 같은 형상을 묘사하여 세워 놓은 돌을 말한다. 이러한 석상에는 남태평양의 이스터 섬에 세워진 '모아이(Moai)' 석상이 잘 알려져 있다.

고인돌의 기원

고인돌의 기원설

고인돌의 기원에 관한 논의는 대체로 세계사적 측면에서 한국 고인돌의 시간적 위치를 찾아보려는 입장과 한국 고대의 동이(東夷) 또는 예맥(濊貊)의 내재적 발전 과정에서 고인돌이 발생했을 것이라는 두 가지 관점에서 이루어졌다.

고인돌의 기원설

자생 기원설

우리나라에서 고인돌이 만들어지기 시작했다는 주장이다. 그 이유는 고인돌이 우리나라에 가장 밀집하여 분포하고 형식도 다양하며, 주변의 고인돌보다 시기적으로 앞선다는 점에서이다. 특히 북한에서는 고인돌이 발생한 시기를 기원전 5000년까지 올리면서 대동강 유역이 고인돌 문화의 원천지라고 주장하기도 한다.

자생 기원설과 관련하여 이영문은 요령 지방의 석관묘, 석곽묘, 토광묘 같은 무덤의 기능을 가진 묘제와 구릉에 1기만 독립적으로 존재하는 제단 고인돌의 결합 과정에서 고인돌이 정형화되었다고 본다. 하문식은 농경으로 인한 잉여 생산이 증가하고 인구가 증가하는 과정에서 고인돌이 자연적으로 발생한 것이라면서 주변 지역보다 연대가 빠르고 단위 면적당 차지하는 숫자 비율이 높다는 고고학적 증거

순천읍성 남문 앞의 고인돌(1914, 국립나주박물관)

가 이를 뒷받침한다고 하였다.

남방 기원설

동남아시아로부터 해로를 통해 도작(稻作)문화와 함께 중국 동북 해안 지방과 한반도에 전파되었다는 설이다. 우리나라에는 평안도·황해도·전라도 등 서해안을 따라 고인돌이 집중 분포하고 있는데, 이러한 점들이 해류를 따라서 남쪽에서 올라온 증거라고 보는 것이다. 또 남방문화의 요소인 '난생설화'와 고인돌의 분포 지역이 일치한다는 점에 근거를 두기도 한다.

북방 기원설

우리나라 청동기시대의 대표적인 무덤인 고인돌이 북방의 청동기 문화와 밀접한 관련이 있기 때문에 북쪽에서 시작되어 한반도로 전파되었다는 주장이다. 특히 요령 지방의 돌널무덤에서 발전했다고 보기도 하고, 돌방무덤의 뚜껑돌이 대형화되면서 개석식 고인돌이 되고, 지하의 무덤방이 지상에 드러나면서 탁자식 고인돌로 발전했다는 주장을 하기도 한다.

고인돌의 석관묘 파생설은 북한의 석광준이 북한의 금교동 5호의 오덕형 고인돌과 공귀리 석관묘의 평면 구조 유사성을 고고학적 증거의 실례로 들면서 석관묘에서 고인돌(침촌형)이 파생하였다고 주장하는 것이다. 또 김원룡은 시베리아에서 전개된 석상분(石箱墳 : 돌상자로 된 무덤으로 '돌널무덤'을 말함.)이 우리나라의 서북부에서 고인돌로 확대 발전한 것으로 보고 있고, 전영래는 고인돌의 시원 형식을 'ㅛ' 자형의 석관묘에서 탁자식 고인돌로 발전한 것이라 보고 있다. 이형구는 발해 연안에서 발생한 석관묘, 적석총 등의 석묘(石墓) 문화가 한국에 전래된 것으로 보고 있다.

고인돌의 축조 시기

연대를 측정하는 고고학적 방법론에는 방사성탄소연대측정법, 수륜연대법, 흑요석연대측정법, 열형광연대측정법, 포타슘-아르곤연대측정법 등 여러 가지가 있다. 이 가운데 가장 널리 사용되는 방법이 바로 방사성탄소연대측정법이다. 방사성탄소연대측정은 탄소의 동위원소들 중 방사성 탄소의 반감기를 써서 물체의 연대를 측정하는 방법이며, 고인돌에서 채집된 사람 뼈나 목탄 같은 시료(試料)의 측정을 통한 자연과학적 방법을 동원하여 유적의 절대 연대를 산출한다.

충7호 황석리 고인돌에서 출토된 사람 뼈

방사성탄소연대측정법에 사용되는 시료는 숯, 불 탄 뼈, 조가비, 터럭(털), 나무와 같은 여러 가지 유기 물질에서 채취할 수 있다. 표본 자체는 연대가 측정되는 지점을 명확히 하거나 특정 유구의 연대를 측정할 수 있도록 조사 시 층서적(層序的) 정황들로부터 세심한 주의를 기울여 채취한다. 이 중에서 숯을 이용하여 측정한 대표적인 것이 경기도 양평 양수리 고인돌 유적에서 나온 숯으로, 그 연대가 3900± 20B.P.이고 보정 연대 기원전 2890~1880년으로 산출되었다.

한편, 우리나라는 토양이 대체로 산성을 띠는 곳이 많기 때문에 잘 부식되어 고인돌에서 사람 뼈가 발견되는 예는 매우 드물다. 충북 제천 황석리, 강원 춘천 중도, 경북 달성 진천동, 경남 진양 대평리, 창원 덕천리 고인돌에서 사람 뼈가 나온 곳이다. 고인돌에서 출토된 사람 뼈의 대부분은 20~30세 전후의 성년 남성이다. 그러나 평남 개천 묵방리 30호, 평남 성천 용산리 5호, 강원 춘천 중도 1호 고인돌에서는 유아의 인골이 출토되기도 하였다.

다음 연대표에 의하면, 남한 쪽의 고인돌은 대개 기원전 10세기 전후임을 알 수 있다. 청동기시대 주거지의 방사성탄소연대측정에 의하면 대략 기원전 17~14세기 사이가 되며, 이는 고인돌 연대보다는 이르다. 경기도 양평 양수리 고인돌의 경우는 기원전 28세기까지 올라가는데, 이를 그대로 믿기에는 앞으로 더 많은 연구가 필요할 것으로 보인다.

우리나라에서는 고인돌의 상한 연대에 대해 신석기시대와 청동기시대 축조설 등으로 나뉜다. 물론 신석기시대에 만들어진 고인돌은, 일반적으로 생각되는 커다란 고인돌은 아니었을 것이다. 신석기시

고인돌의 연대표

고인돌명	측정 방법	보정 연대(B.C.)
양평 양수리 고인돌	C14	2890~1880
양평 상자포리 고인돌	C14	410~170
제천 황석리 고인돌	C14	930~AD 10
화순 대신리 고인돌 27호	C14	720~390
여수 화장동 고인돌 1호	C14	910~740
여수 화장동 고인돌 4−1호	C14	770~600
대전 비래동 고인돌	C14	1145−900(절대 연대)
창원 덕천리 고인돌 2호	C14	910~760

* 유태용, 『한국 지석묘 연구』, 2003

대에는 규모가 작은 고인돌이 만들어지기 시작했다면, 청동기시대에
는 이미 지배자가 나타난 시기였기 때문에 규모가 큰 고인돌을 만들
었을 것이다.

신석기시대부터 만들어졌다는 견해는 씨족의 공동 무덤 성격을
띠고 있는 점과 고인돌을 발굴하는 과정에서 뗀석기〔打製石器〕, 빗살
무늬토기〔櫛文土器〕 등이 출토되는 점을 들고 있다. 방사성탄소연대
측정 결과를 통해서도 신석기시대부터 만들어졌다고 주장하기도 한
다. 예를 들어 남한강 유역의 양평 양수리 고인돌에서 출토된 목탄 시
료가 기원전 2800년경으로 연대가 C14 3900±200B.P.(MASCA 4140~
4240B.P.)로 측정되었는데, 박희현은 이를 토대로 양평 양수리 고인돌
을 신석기시대로 편년한다. 북한은 연대측정방법이 우리와 차이가 있
지만 기원전 5000년부터 고인돌이 만들어졌다고 주장해 주목된다.

청동기시대설은 기원전 2000년대 말과 1000년대 초기, 또는 중기
설이 있다. 방사성탄소연대를 참고하여 우리나라 청동기 문화의 형

성과 관련해 이해하려는 설이다. 기원전 1000년대 중기설은 1960년대 초까지 탁자식 고인돌의 연대에 근거하여 제시된 설이다.

고인돌의 청동기시대 축조설은 대체로 북한에서는 기원전 30세기 전후, 그리고 남한에서는 기원전 10~6세기로 편년을 세우고 있다. 그러나 요동 지방의 청동기시대가 방사성탄소연대로 기원전 15세기로 상회하고 있고, 우리나라에서도 최근 이와 비슷한 연대가 산출된 바 있으며, 북한에서는 단군릉 발굴 이후 연대를 기원전 40세기 후반기까지 올리고 있다. 대다수 학자들은 고인돌이 청동기시대에 축조된 것으로 주장하고 있다. 한편, 국립중앙박물관의 우리나라 연표에는 고인돌 축조 시기를 기원전 2000년으로 나타내고 있다.

청동기시대 축조설은 청동기시대가 되면서 대규모의 고인돌이 나타나는 사실에 입각한다. 대규모의 고인돌이 출현한다는 것은 분화된 계층사회가 형성되고, 지배자가 등장하며, 조직화된 사회가 발달하는 등 시대적 변혁을 반증하는 것으로 이해된다. 수십 톤 혹은 수백 톤이나 되는 고인돌을 만들기 위해서는 수백 명에서 수천 명이 동원되어야 하고, 그러기 위해서는 평범한 사람의 능력으로는 만들 수 없기 때문에 힘 있는 지배 계층의 무덤일 수밖에 없다는 논리에서 지배자의 무덤으로 이해되고 있다. 따라서 지배층이 등장하는 청동기시대에 만들어지기 시작했을 것이라는 주장이 일반적이다.

고인돌의 소멸 시기

고인돌은 일반적으로 신석기시대부터 시작되어 청동기시대에 주로 만들어지다가 철기시대 초기에 사라진다고 보고 있다. 물론 신석기시대부터 만들어지기 시작한 것이냐에 대해서는 이견도 많이 있다. 그러나 북한이나 남한의 일부 학자들이 이를 주장하고 있어서 그 상한을 신석기시대까지 올려 볼 가능성은 있다. 그러나 청동기시대에 이르러 고인돌의 축조가 가장 일반화되었다는 점에서는 이의가 없다.

고인돌을 만드는 풍습이 사라진 것은 여러 주장이 있으나 기원전 3세기, 기원전 2세기, 기원전후 등의 학설이 제기되었다. 국립중앙박물관 연표에는 기원전 4세기부터 철기시대가 시작되었다고 표기되어 있는데, 철기시대에 오면서 대규모의 인력 동원이 농업 생산에 많은 어려움을 초래하는 등 비능률적인 점을 들어 없어진 것으로 보고 있다. 따라서 고인돌을 만들었던 상한 시기는 신석기시대부터 하한은 철기시대 초기까지라고 볼 수 있다.

고인돌의 형식과 구조

고인돌의 형식

우리나라의 고인돌은 외형적 형태를 중심으로 크게 탁자식(卓子式), 바둑판식〔碁盤式〕, 개석식(蓋石式), 위석식(圍石式), 석주식(石柱式) 등으로 나누고 있다. 고인돌 연구 초기, 김재원과 윤무병은 북방식·지석이 없는 남방식·지석이 있는 남방식으로 나누었다.

탁자식 고인돌

대개 4매의 판자형 받침돌을 이용하여 상자 형태의 석실을 지상에 구축하고, 그 위에 대형 덮개돌〔蓋石〕을 얹어 놓은 형식의 고인돌을 말한다. 이러한 고인돌은 한강 유역을 중심으로 북쪽으로 갈수록 높은 분포도를 보이며, 남쪽으로 갈수록 희소해지기 때문에 '북방식 고인돌'로 불리기도 한다.

탁자식 고인돌은 황해도나 대동강 유역, 강화 및 중국의 요동(遼東)반도 등에 주로 분포하고 호남 지방에서도 일부 발견되고 있다. 유럽의 고인돌은 탁자 모양의 고인돌이 대부분이나 동남아시아 고인돌은 탁자식과 위석식이 복합적으로 분포한다.

바둑판식 고인돌

판돌을 세우거나 깬돌〔割石〕로 만든 무덤방을 지하에 만들고 땅 위에 받침돌을 4~8매 정도를 놓은 후, 그 위에 커다란 덮개돌로 덮어 마치 바둑판 모양을 하고 있어 '기반식(碁盤式)'이라고 부르기도 한다. 주로 호남과 영남 등 남부 지역에 집중 분포하고 있어 '남방식(南方式)'이라고도 한다. 덮개돌은 거대하고 괴석상(塊石狀)의 모습이다.

개석식 고인돌

지하에 만든 무덤방 위에 바로 뚜껑 역할의 덮개돌이 놓인 형식의 고인돌이다. 이는 받침돌이 없다 하여 '무지석식(無支石式)'이라고도 하는데, 한반도 전체와 요동반도, 일본 규슈 지역에 걸쳐 널리 분포한다. 중국학자들은 요동반도에서 발견되는 이러한 형태의 고인돌을 '대석

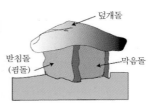

덮개돌

받침돌
(굄돌)

막음돌

탁자식 고인돌(포천 수입리 고인돌)

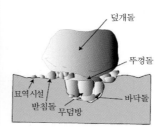

덮개돌

뚜껑돌

묘역시설

받침돌 무덤방

바닥돌

바둑판식 고인돌(고창 죽림리 고인돌 2406호)

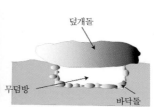

덮개돌

무덤방

바닥돌

개석식 고인돌(장흥 연방리 고인돌)

위석식 고인돌(제주 용담동 고인돌)　　　석주식 고인돌(고창 계당리 B호)

개묘(大石蓋墓)'라고 부른다.

위석식(圍石式) 고인돌

지상에 드러난 받침돌이 덮개돌 아래로 돌아가면서 지탱하고 있어서 그 자체가 무덤방을 이루는 형식이다. 탁자식 고인돌에서는 4면에 각각 하나의 판석을 세워 긴 네모꼴 평면의 무덤방을 만들지만, 위석식은 각 면에 2, 3장씩 이어서 세워 모두 6~12장의 판석이나 괴석이 무덤방 벽을 이루고 있다. 대표적인 고인돌은 제주도 용담동 고인돌, 부안 구암리 고인돌, 안동 지례동 고인돌 등 한반도 남부 지방과 제주도를 중심으로 분포하고 있다.

그 밖에 고창 지방에서 발견되는 석주식(石柱式) 고인돌과 2008년 국립중앙박물관에 이전된 경남 산청군 매촌리 고인돌은 묘역식 고인돌〔墓域式支石墓〕로 별도 분류하기도 한다.

북한은 고인돌의 분류를 지명에 따라 오덕형(五德型), 묵방형(墨房型), 침촌형(沈村型)으로 나누고 있다. 이는 평안남도 연탄군 오덕리·평안남도 개천군 묵방리·황해도 황주시 침촌리 등 발굴 지명에 따라 붙여진 것으로, 우리나라 분류에 적용하면 오덕형은 '탁자식(북방

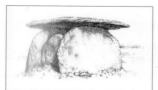

오덕형 고인돌(연탄군 오덕리)

묵방형 고인돌(개천군 묵방리)

침촌형 고인돌(황주시 침촌리)

북한의 고인돌 분류

식)', 묵방형과 침촌형은 '개석식'으로 볼 수 있다. 대체로 묵방형과 오덕형은 묘역 안에 1기의 무덤방이, 침촌형은 5~6기의 무덤방이 있다.

고인돌의 구조

고인돌은 덮개돌을 중심으로 아래에 받침돌, 뚜껑돌, 막음돌, 묘역 시설, 무덤방 등으로 구성되어 있다.

- 덮개돌 : 고인돌의 가장 중요한 부분이다. '개석(蓋石)' 또는 '상석 (上石)' 등 여러 가지로 불리며, 받침돌 위에 올려져 있다.
- 받침돌 : 받침돌은 한자로 '지석(支石)'이나 '벽석(壁石)' 등으로 표기 된다. 탁자식과 위석식에는 덮개돌을 직접 떠받치고 있는 것으로 무덤방의 벽을 구성하기도 하지만, 바둑판식에서는 단순히 덮개돌을 지탱하는 역할을 한다. 탁자식 받침돌은 대략 2/5 이상이 지하에 묻혀 있는 것으로 알려져 있어 덮개돌을 유지하는 데 큰 역할을 한다.
- 뚜껑돌 : 무덤방을 덮고 있는 돌로, 시신을 보호하며 무덤방의 파손을 막는다. 뚜껑돌은 판석 1매로 만든 것과 여러 개의 판석으로 덮은 것이 있으며, 한 겹으로 쌓는 것이 보통이나 여러 겹으로 쌓는 경우도 있다. 덮개돌이 직접 뚜껑돌 역할을 하기도 한다.
- 막음돌(마감돌) : 탁자식 고인돌의 받침돌 사이 양쪽 끝에 세워서 무덤방을 만드는 역할을 하는 돌로, 사체를 보기 위해 열고 닫을 수 있도록 하였다. 막음돌은 시간이 흐르면서 대체로 유실되는 경향이 있고, 제단 고인돌에는 막음돌이 처음부터 없었던 것으로 보인다.

- 쐐기돌 : 막음돌, 받침돌이 넘어지지 않도록 밑에 보강한 돌이다.
- 깔린돌(구획석) : 덮개돌 아래 석실 주위에 넓게 깔려 있는 돌을 의미하며, '부석(敷石)' 또는 '포석(鋪石)'이라고도 한다. 석실 주변을 보강하고, 덮개돌의 무게가 석실에 직접 영향을 받지 않도록 분산해 주며, 고인돌 묘역(墓域) 전체 구역을 표시해 주기도 한다. 묘역의 경계석으로 축조되는 구획석은 판석 형태의 석재를 세워서 구획을 하거나 할석 형태의 석재를 눕혀서 구획하게 된다.
- 무덤방 : '돌방'·'석실(石室)'·'묘실(墓室)'이라고도 하는데, 주검이 들어 있는 곳이다. 무덤방은 매장 주체부를 이루기 때문에 고인돌 중에서 중요한 시설이라 할 수 있다. 무덤방은 석관형(석실의 벽실을 판석으로 짜맞춘 형태), 혼축형(일부는 판석으로, 일부는 할석으로 쌓은 것), 위석형(덮개돌을 받치고 있는 받침돌이 둘러져 석실을 이룬 것), 토광형(덮개돌 아래에 뚜렷한 석실이 없이 토광만 있는 것)으로 나눌 수 있다.

탁자식의 무덤방은 지상에 있으며, 무덤방에서 여러 칸으로 나누기를 한 석실이 발견되기도 하는데, 이는 주로 황해도나 평안도에

내우산 고인돌의 무덤방(석곽형)

이중 석실인 보성 죽산리 고인돌의 무덤방

서 발견된다. 바둑판식이나 개석식은 무덤방이 지하에 위치하고 있는데, 여기에는 단일 석실·이중 석실·다중 석실이 나타난다. 이중 석실은 나주 판촌리·보성 죽산리 6호 등에서 발견되며, 다중 석실은 한 개의 덮개돌 아래에 하부 석실을 여러 개의 칸으로 나눈 평남 성천군 용산리 고인돌 등에서 볼 수 있다.

고인돌의 기능

무덤의 기능

1962년 충북 제천 황석리 고인돌에서 완전한 사람 뼈가 나온 이후 무덤을 주목적으로 만들었다는 것이 일반화되었다. 사람 뼈가 출토되지 않았더라도 고인돌의 하부에 무덤방이 보이며, 무덤과 관련된 부장유물도 출토된다.

제단(祭壇)의 기능

종교 또는 신앙행사 장소이거나 여러 의식을 거행하는 기념물적인 기능을 말한다. 제단 고인돌은 고인돌 중 사람들이 어디에서나 쉽게 바라볼 수 있도록 주변보다 높은 곳에 위치하며, 받침돌 위에 큰 덮개돌을 올려 외형적으로 웅장함을 나타낸다는 점, 주검을 안치하는 무덤방으로 보기에는 어려운 받침돌 구조와 주변에 만들어진 무덤 기능의 고인돌과는 다르게 매우 크면서도 방향이 다른 점 등을 꼽을 수 있다. 우리나라의 '강화 지석묘'나 중국 해성의 '석목성 고인돌', 개주의 '석붕산 고인돌' 등을 제단 고인돌로 보기도 한다.

고창 도산리 고인돌

강화 지석묘

묘표석의 기능으로 쓰인 화순 핑매바위 고인돌

묘표석(墓標石)의 기능

고인돌이 집단적으로 분포하는 곳에 유독 한 기의 고인돌을 크게 만들고 형태도 다르게 한 것을 볼 수 있는데, 이는 묘역 조성 집단의 권위와 위용을 보이기 위하여 축조한 것으로 본다. 여수 적량동 고인돌이나 화순 핑매바위 고인돌 등이 대표적인 묘표석 고인돌에 속한다.

고인돌의 입지와 재질

고인돌의 입지

고인돌은 산꼭대기부터 하천가의 평지에 이르기까지 다양한 지점에 분포하고 있다. 고인돌이 강변이나 산기슭 아래의 평지에 분포하

고창천과 나란히 열을 이루는 고창 고인돌

고, 고인돌의 장축 방향이 물의 흐름이나 산맥의 방향과 나란히 열을
이루는 것은 산세(山勢)나 수세(水勢)와 연관되어 있고, 청동기시대
벼농사를 행한 농경지와 밀접한 관련이 있다는 것을 의미한다. 당시
사회가 농경지나 물이 가까운 곳에 그들의 주거지를 마련하고, 그와
가까운 곳에 무덤을 조성한 것에서 비롯된다 하겠다. 다양한 곳에 고
인돌이 만들어졌지만 고인돌은 당시 사람들이 생활했던 주변을 중심
으로 세워졌고, 사람들이 살아가는 데 있어서 가장 중요하게 여긴 물
과 강을 중심으로 생활하면서 세웠다는 공통점이 있다.

석재의 채석과 운반

석재의 암질

고창 죽림리 일대 고인돌은 거의 응회암질, 강화 고인돌의 대다수
는 편마암질, 보령군의 두꺼운 고인돌은 대개가 역암(礫岩 : 크기가

2mm 이상인 둥근 알갱이가 30% 이상 들어 있는 퇴적암)이다. 연천군에 산재한 고인돌의 대다수는 용암의 영향과 관련되어 형성된 것으로, 이곳에서 흔히 볼 수 있는 고인돌의 암질은 현무암이다. 또 평양 인근의 많은 고인돌은 점판암, 제주도의 고인돌은 주로 현무암이다. 고인돌을 만들 때의 돌감은 특별히 어떤 암질을 선택하여 만든 것은 아니고, 주변에서 흔히 크게 떼어 내어 만들 수 있는 암질을 사용하였다.

고인돌 암질 가운데 편마암, 점판암, 화강암 등으로 만든 덮개돌은 일반적으로 지나치게 두껍지는 않다. 이에 비하여 비교적 떼어 내기가 어렵거나 잘 부서지는 역암이나 응회암은 일반적으로 두께가 두꺼운 편이다. 덮개돌의 두께는 암질과 밀접한 관련이 있지만 무덤을 만드는 전통이나 제작 기법과도 관계가 있다는 것을 부인할 수 없다.

시흥 계수동 고인돌은 덮개돌이 호상편마암이며 받침돌은 녹니편마암으로 조사되었고, 김포 고정리 고인돌의 덮개돌은 맥석영이고 받

화강편마암으로 된 강화 지석묘

현무암으로 된 연천 통현리 고인돌

석영암 덮개돌과 변성암 받침돌로 되어 있는 김포 고정리 고인돌

침돌은 암갈색 계통의 변성암이다. 덮개돌과 받침돌의 재질이 다르게 나타나는 것은, 덮개돌은 대개 채석장에서 운반되어 오지만 받침돌은 크기가 작기 때문에 주변에서 쉽게 얻을 수 있는 암석을 취한 결과라 하겠다.

석재의 채석

고인돌을 처음 접하는 사람들은 일반 바위와 잘 구분하지 못하는 경우가 많다. 특히 받침돌이 없는 개석식 고인돌의 경우는 더욱 구분하기가 어려운 것이 사실이다. 탁자식 고인돌과 바둑판식 고인돌은 받침돌이 있다는 것만으로도 자연석과는 한눈에 구분되지만 개석식 고인돌은 하부 구조가 보이지 않기 때문에 구분하기란 쉽지 않다.

그렇다면 일반 바위와는 어떤 특징으로 고인돌을 구별할 수 있을

강화 삼거리 채석장, 암벽을 떼어 낸 흔적이 보인다.

까? 첫째, 개석식 고인돌의 경우 자연석과 가장 큰 차이점은 치석(治石)을 했다는 점이다. 덮개돌의 경우 대개 모서리를 둥글게 다듬은 흔적이 남아 있다. 둘째, 고인돌은 그 앞쪽으로 강이나 하천이 흐르고 있으며, 주변에 넓은 평원이 위치하여 사람들이 생활하기 좋은 곳에 자리 잡고 있다. 셋째, 주변보다 조금 높은 위치에 있어서 주변을 조망하기 쉬운 곳에 주로 분포한다. 넷째, 고인돌로 추정되는 주변에서 청동기시대의 유물이나 집터가 발견된다. 그러므로 납작하면서도 치석한 흔적이 있는 큰 돌은 일단 고인돌로 생각할 수 있을 것이다.

고인돌의 축조 과정에서 가장 어렵고 중요한 작업은 덮개돌의 채석과 운반일 것이다. 고인돌은 평지·구릉·산기슭 등에 주로 분포하는데, 덮개돌을 구하기 쉬운 바위나 암벽이 있는 돌감 구하기 쉬운 산지 곁에 많다. 그 이유는 고인돌에서 가장 중요한 덮개돌을 쉽게 구할 수 있는 지역이어야 하고, 또 돌감을 채석하고 그것을 운반할 수 있는 노동력을 고려하지 않을 수 없기 때문이다.

덮개돌은 주변에 있는 바위를 그대로 옮겨 온 경우도 있으나 대부분 암벽에서 떼어 내 다듬은 바위를 이용하고 있다. 암벽에서 덮개돌을 떼어 내는 데는 일반적으로 바위틈이나 암석의 결을 이용하여 인위적인 구멍을 파고, 이 구멍에 나무쐐기를 박아 물로 불려 떼어 내는 방법을 이용하였다.

이렇게 고인돌을 만들기 위해 큰 바위에서 덮개돌을 채석하기 위해서는 주로 참나무류를 이용하여 나무쐐기를 박고 물을 부은 '부피 팽창의 원리'와 떼어 내고자 하는 석재의 절리면 양 끝단에 쐐기를 박

오상리 고인돌에 새겨진 홈줄

고 타격을 가하는 '절리면 타격법'이 사용되었다. 고인돌 석재의 채취나 치석에는 돌을 이용하여 만든 도구들이 사용되었다. 따라서 석재의 채취와 치석은 매우 어려운 작업이었으며, 채석하고자 하는 암석의 강도나 편리(片離) 같은 석질에 대한 매우 전문적이고도 수준 높은 지식과 고도의 석공 기술을 가진 전문가에 의해 이루어졌다.

석재의 운반

덮개돌은 보통 작은 것은 2~3톤 정도지만 대부분 5톤 이상에서 수십 톤까지 나갈 정도로 매우 크고 무겁다. 특히 바둑판식 고인돌의 덮개돌 두께는 탁자식 고인돌에 비해 두꺼운 경우가 많아서 200여 톤까지 되는 것도 있다. 그러나 탁자식 고인돌은 바둑판식 고인돌에 비해 덮개돌 무게는 가볍지만 높이 올려야 하므로 어느 형식의 고인돌을 만들든 많은 공력(工力)이 요구된다.

고인돌은 채석장 주변에 세워지는 경우도 있지만 대부분 채석장에서 다소 멀리 떨어진 곳에 위치하고 있다. 석재의 운반에는 그 무게에 따라 동원되는 인력이 달라진다. 석재를 운반할 때는 지렛대식, 목도식, 끌기식 등 여러 방법들이 동원된다. '지렛대식'은 대형 석재 아래에 나무를 넣어 옮기는 방식이며, '목도식'은 커다란 석재를 묶어서 사람들이 메고 옮기는 방법인데 무게가 가볍고 가까운 거리에서 사용되었을 것이다. 그리고 '끌기식'은 대형 석재 밑에 통나무를 깔고 석재는 묶어서 끄는 방법으로, 먼 거리에서 이용했을 것이다.

떼어 낸 덮개돌을 운반하기 위해서는 운반로를 개설해야 된다. 이러한 고고학적 자료로서 최근 전북 진안 여의곡 고인돌 주변에서 200m에 이르는 덮개돌 이동로로 추정되는 흔적이 조사되었다. 먼저

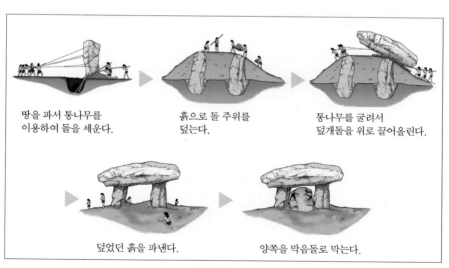

땅을 파서 통나무를
이용하여 돌을 세운다.

흙으로 돌 주위를
덮는다.

통나무를 굴려서
덮개돌을 위로 끌어올린다.

덮었던 흙을 파낸다.

양쪽을 막음돌로 막는다.

고인돌의 축조 과정

직경 10cm 내외의 통나무를 3~4m로 자른 후 바닥에 레일처럼 깔고, 그 위에 가로지른 큰 통나무를 여러 개 배치한 후 덮개돌을 올려 운반했을 것으로 추정된다. 지역에 따라서는 강을 끼고 있는 곳에서는 뗏목을 이용, 추운 지역에서는 얼음판을 이용하여 운반하였을 것으로 여겨진다.

과연 덮개돌을 옮기는 데 얼마나 많은 사람들이 동원되었는가는 실험고고학(實驗考古學)에 의해 어느 정도 밝혀지고 있다. 1989년 최성락 등의 보고서에 의하면, 6~8톤 되는 덮개돌을 이동하는 데 약 73명의 인력이 요구된다고 하였다. 이는 1톤당 약 10.7명 정도의 인력이 소요되었다는 것을 보여 준다.

고창 운곡리 21호 고인돌의 덮개돌 무게는 무려 297톤으로 알려져 있는데, 이를 환산하면 산술적으로는 적어도 297톤×10명=2,970명이란 대단위 인력이 소요됨을 알 수 있다. 덮개돌을 옮기는 사람 외에 통나무를 굴리는 사람, 끄는 집단을 인도하는 사람, 음식과 물자를 공급하는 사람 등을 포함하면 인력은 더 늘어난다고 할 수 있다. 전형적인 바둑판식 고인돌은 덮개돌의 무게가 대략 20~40톤의 경우가 많은데, 그럴 경우 고인돌 덮개돌 운반에 동원된 사람은 적게는 50여 명에서 많게는 200~500명으로 나타난다. 거주 인구수로 환산하면 50×5인=250명에서 2,500명 정도가 가까운 지역에서 생활했던 것으로 보인다.

따라서 우리나라의 고인돌 축조는 그 무덤에 묻힐 피장자가 거대한 고인돌을 세울 수 있는 동원력과 정치력, 그리고 경제력을 확보해야 가능하기에 족장을 포함한 지배자 상층 계급의 무덤으로 해석하는 것이다.

고인돌의 출토 유물

고인돌에서는 일반적으로 그다지 많은 유물이 출토되지 않는다. 특히 탁자식 고인돌에서는 거의 출토되지 않는데, 이것은 무덤방이 지상에 노출되어 있고, 세월이 지나면서 막음돌이 훼손되어 무덤방 내에 있던 부장품이 없어졌을 가능성이 많기 때문이다. 이렇듯 탁자식 고인돌은 매장 주체부가 지상에 있어 유물이 적게 출토된다. 반면에 바둑판식이나 개석식 고인돌은 지하에 있어서 훼손 사례가 적어 비교적 유물이 출토되는 경우가 많은 편이다.

유물이 출토되는 위치에 따라 무덤방 안에 넣어 둔 부장용 유물(껴묻거리)과 무덤방 주변에서 발견되는 의례용 유물로 나눌 수 있다. 부장용 유물에는 무기류·토기류·장신구류 등이 있고, 의례용 유물에는 석촉·석도·석착(대팻날)·석부·가락바퀴·어망추 등이 있다. 그리고 지역에 따라 동물 뼈가 출토되기도 한다.

토기류

고인돌에서 출토되는 토기에는 붉은간토기〔紅陶〕·미송리형 토기·팽이형 토기·공열문토기·심발형 토기·공귀리형 토기·가지문토기 등이 있다. 토기 이외의 토제품으로는 가락바퀴와 그물추가 발견되고 있다.

붉은간토기

고인돌에서 가장 특징적으로 출토되는 토기이다. 2016년까지 고인돌에서 출토된 붉은간토기는 총 162점으로 전체 토기류의 절대 다수를 차지하며, 바둑판식과 개석식 고인돌이 대부분인 전라도와 경상도에서만 123점이나 출토되었다. 붉은간토기는 매우 정선된 점토질의 태토

김해 무계리 고인돌에서 출토된 붉은간토기 (국립중앙박물관)

(胎土)를 사용하여 만든 토기 표면에 붉은 슬립[酸化鐵]을 칠하고 마연한 후 소성하여 붉은색 윤택이 나도록 제작된 토기를 통칭한다.

팽이형 토기

한반도 서북부 지방의 고인돌에서 출토되는 대표적인 토기 중 하나이다. 이는 '각형토기'로도 불리는 것으로, 한반도 서북부 지방의 독특한 최고식(最古式) 무문토기이다. 팽이형 토기는 형태가 팽이처럼 생긴 동체부에 직경이 약 3~4cm 되는 평저(平底)의 바닥을 붙이고, 구연부는 밖으로 접어서 이중 구연으로 처리하였으며, 그 위에 사선으로 빗금을 드문드문 그어서 마무리한 토기이다. 기벽(器壁)은 약 5~7mm로 대체로 얇은 편이다.

미송리형 토기

미송리형 토기의 특징은 구연부가 넓고 목이 점점 좁아져서 동체부

와 목이 만나는 부분이 잘록하게 되고, 다시
몸통〔胴體部〕으로 가면서 커지다가 밑으로
내려가면서 다시 좁아지는 형태의 토기이
다. 미송리형 토기는 팽이형 토기와는 모양
이나 마연 처리 같은 제작 기술 등에서 많은
차이를 보이고 있다. 분포 범위도 팽이형 토
기는 한반도 서북부를 벗어나지 못하나 미
송리형 토기는 한반도 서북부는 물론 요령
과 길림 지방에서까지 발견되고 있다.

미송리형 토기(평안북도 의주
미송리 외, 국립중앙박물관)

공열문토기

　한반도 중·남부 지역에 위치한 고인돌에서 출토되고 있으나 최근
에는 한반도 동북부 지역인 함경북도 김책군 덕인리 1호 고인돌에서
도 출토된 바 있다. 공열문토기의 특징은 구연부 바로 밑에 평행하
게 한 줄로 일정한 간격을 두고 직경이 5mm 되는 작은 구멍이 뚫려
있는 것이다. 이 토기는 주로 주거지에서 출토되는 생활용기인데도
불구하고 경기도 지역의 고인돌 무덤방에서 붉은간토기와 함께 많
이 출토된 것은 아마도 이 지역의 고인돌 사회가 한반도의 동북부와
중·남부 지역을 연결하는 문화적 접촉 지대로서 교역 역할을 담당하
였기 때문일 것으로 생각된다.

두형 토기(豆形土器)

　두형 토기는 길림·장춘 지역이나 한반도의 동북 지방, 중부 이남

지역에서 다수 출토되고 있다. 두형 토기는 접시나 완형의 토기에 높은 굽이 달린 고배 모양의 토기를 말한다. 원래 두형 토기는 중국 신석기 시대의 채도문화인 앙사오 문화(仰韶文化)에서 출현했으며, 이러한 토기 양식이 우리나라에 전해진 것은 대략 청동기시대 후반기경인 것으로 추정되고 있다. 고인돌의 부장품으로 두형 토기가 실제로 출토되는 곳은 길림성 유하현 야저구 3호 고인돌, 유

두형 토기(경기도 안성 반제리 외, 국립중앙박물관)

하현 통구 3호 고인돌, 동풍현 조추구 3호 고인돌, 동풍현 보산촌 동산 1호 고인돌 등이다.

청동기류

고인돌에서 출토되는 청동기의 종류에는 비파형 동검·비파형 동모·세형동검·선형동부·청동촉·검파형동기(劍把形銅器)·청동고리·청동단추 등 모두 16가지가 있고, 이와 함께 두 군데에서는 철촉이 출토되기도 하였다.

비파형 동검(요령식 동검)

'만주식 동검', '요령식 동검', 또는 '비파형 단검' 등으로 불리는 청동검으로서 고인돌 축조가 시작된 청동기시대 전기에 만주와 한반도에서 사용되기 시작하였다. 비파형 동검은 학자에 따라 몇 개의 형식 분류가 이루어지고 있다. 전형 비파형 동검은 검신 하부의 폭이 넓고 둥글게 비파 모양을 하고 있으며, 중앙보다 약간 위쪽에 위치한 좌우 양쪽의 돌기가 뚜렷하게 나타나는 형식이다. 전남 여수 지역에서 많이 출토되고 있다.

비파형 청동검(국립중앙박물관)

세형동검(한국식 동검)

'한국식 동검' 또는 '좁은 놋단검' 등으로 불리는 청동검이다. 세형동검은 등대에 세운 능각(稜角)이 결입부(抉入部) 아래까지는 미치지 않고 검신의 하반부 폭이 넓으며, 검신의 기부(基部)에서 결입부까지는 완만한 곡선을 그리고 있다. 세형동검의 기원을 비파형 동검에 두고 있으나 한반도에 들어와서 정형화된 것으로 보고 있다. 세형동검은 비파형 동검에서 보

세형동검(국립중앙박물관)

이지 않던 결입부가 형성되는 등 마디가 뚜렷해지고, 검신이 전체적
으로 직선화되면서 검봉(劍鋒)이 예리해졌다. 양평 상자포리·김해
내동·영암 장천리 고인돌에서 출토되었다.

청동화살촉

청동화살촉은 보성 덕치리 신기, 김해 무계리, 산청 매촌리 등의
고인돌에서 출토된 바 있다. 이 시기의 청동촉 형식은 촉신(鏃身) 좌
우에 혈구가 있는 유경양익촉(有莖兩翼鏃)이다. 은천 약사동의 고인
돌에서는 이단경식(二段莖式)의 석촉과 함께 이단경식의 청동촉이 출
토되었고, 김해 무계리와 보성 덕치리 15호 고인돌에서는 일단경식
의 석촉과 함께 유경청동촉이 출토된 바 있다. 한편 덕치리에서 출토
된 청동촉은 비파형 동검이나 동모 조각을 갈아서 만든 2차 전용품
(轉用品)이다.

석기류

고인돌에서 출토되는 유물 중 석기류의 출토는 50%를 넘어 제일 많
다. 석기류에는 무기류·농기구류·생활용구류 등 종류가 다양하다.
이는 청동기시대에 들어오면 석기의 사용이 줄어들 것이라고 하는 생
각과 상당히 배치되는 현상이며, 오히려 청동기시대에 들어오면서 마
제석기가 본격적으로 제작되고 이를 실생활 등에 폭넓게 사용했음을
알 수 있다.

고인돌에서 출토된 석기의 종류에는 무기류에 마제석부·타제석

부·마제석검·마제석촉·석창·달도끼〔環狀石斧〕·별도끼〔星形石斧〕 등이 있고, 농기구류에는 석착(石鑿)·반월형 석도·석분(石錛)·괭이 등이 있다. 이 밖에도 생활용구로 송곳·숫돌〔砥石〕·갈돌·갈판·발화석·침상기(沈床器)·석경(石鏡)·가락바퀴·그물추·돌돈〔石貨〕·석배(石杯)·대롱구슬 등이 있다. 이들 가운데 마제석부·갈돌·갈판·반월형 석도·그물추 같은 일부 석기류는 신석기시대 이래 계속적으로 사용되어 온 것도 있지만, 마제석검 등은 청동기시대에 들어와 새로이 제작된 것이다.

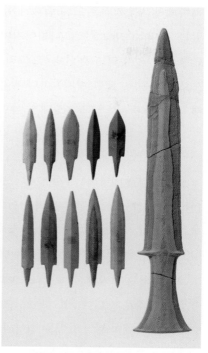

보성 덕치리 고인돌에서 출토된 마제석검과 마제석촉(국립광주박물관)

마제석검(간돌검)

청동기시대의 대표적인 석기 가운데 하나로, 함경도를 제외한 한반도 일대의 고인돌에서 2016년까지 약 210점이 출토되었다. 마제석검은 검의 범주에 속하는 것으로 양쪽 면 모두에 날을 가진 것을 말하며, 한쪽 면에만 날이 있는 도(刀)와는 구별된다.

마제석검의 형식은 크게 슴베가 있는 '유경식(有莖式)'과 손잡이가 있는 '유병식(有柄式)'으로 나누어지며, 유병식은 다시 홈이 없는 '일단병식'과 홈이 있는 '이단병식', 그리고 마디가 있는 '유절식(有節式)'으로 분류된다. 또한 학자들마다 피홈[血溝]의 존재 유무, 검신의 형태, 검신과 자루가 만나는 형태 등에 따라 세분하기도 한다.

마제석촉(간돌화살촉)

요령과 길림 지방에서 한반도에 이르기까지 거의 전 지역에 걸쳐 고인돌의 부장품으로 두루 출토되고 있다. 마제석촉은 신석기시대에 이미 사용되기 시작하였다. 그러나 청동기시대에 들어오면 그 종류가 다양해지고 제작도 보다 정교해지고 있다.

고인돌의 무덤방에서 출토되는 마제석촉은 마제석검과 공반하여 출토되는 경우가 많다. 고인돌의 출토품으로서는 비교적 다량으로 출토되는 마제석촉은 고인돌 피장자의 신분을 파악하는 데 상당히 주목되는 유물이다. 마제석촉은 수렵 이외에 무기로도 사용되었을 가능성이 높다.

마제석착(돌끌)

현재까지 고인돌에서 출토된 마제석착(磨製石鑿)은 용도에 있어서 마제석부(磨製石斧)와 차이를 보이고 있다. 즉, 타제석부나 마제석부는 굴지구(掘地具 : 뒤지개)나 벌목 같은 농경 도구나 전투에서의 무기용으로 사용된 데 비하여 마제석착은 단순히 나무를 다듬기 위한 목공구로만 사용된 것이다. 마제석착의 날은 외날이고 평면 형태는 장방형이다. 그런데 고인돌에서 출토된 이들 마제석착은 고인돌 무덤방 내부보다는 무덤방 주변에서 출토되는 경향이 있다.

옥기류

고인돌에서 출토되는 부장품 가운데 신분을 상징하는 유물로 주목받는 것이 바로 옥기류이다. 고인돌에서 출토된 옥기의 종류에는 곡옥·관옥·소옥·백옥·환옥, 그리고 기타 옥제품 등이 있다. 한국 선사시대의 옥은 신석기시대에는 점판암제·곱돌제·대리석제·토제·골제 같은 재료가 주로 사용되었고, 비취제나 백옥 또는 벽옥제(碧玉製)는 비교적 소량 사용되었다. 그러나 청동기시대에 이르면 천하석(天河石) 같은 질 좋은 석재가 널리 사용되었다. 특히 옥기의 종

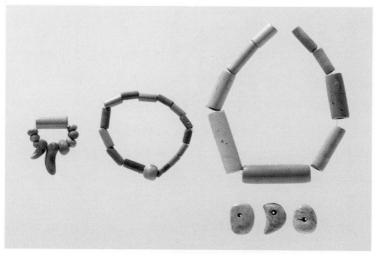

순천 복성리 상비 고인돌에서 출토된 각종 옥(국립광주박물관)

류에 '곡옥'이라는 새로운 형식이 추가되었다. 따라서 청동기시대의 옥제품은 신석기시대의 옥기들보다 형식과 용도에 따라 석재가 다양하게 이용되었던 것을 알 수 있다.

곡옥(曲玉)

보통 'C' 자형으로 구부러져 있으며, 한쪽에 구멍이 나 있는 것을 말한다. 곡옥의 기원은 반달이나 삼월신(三月神)을 숭배하던 원시 종교적 호신부의 착용 관습으로서 금속기가 사용되는 초기에 그 조형이 이루어졌다고 하는 설, 비파형 동검 사용자들이 달 숭배 사상의 상징으로서 주술적 표시로 패용하던 것이 한반도에 전래되었다고 하는 설, 동물의 태아를 상징하고 풍요를 기원하기 위해 만들어졌다는 설 등이 제시되었다.

관옥(管玉)

'대롱옥'으로도 불리는 것으로, 원통형 모양에 가운데 구멍이 있는 것을 말한다. 관옥은 고인돌에서 출토되는 옥제품 가운데 가장 많은 출토 비율을 나타내고 있다. 평안북도나 강원도 등지의 고인돌에서 출토되기도 하지만, 대부분의 관옥은 전라도와 경상도의 발굴된 고인돌에서 출토되고 있다. 관옥은 대체로 벽옥제의 재질로 만들어졌다.

환옥(丸玉)

소옥과 형태가 비슷하지만 직경의 크기가 3cm가 넘는 대형 옥제품이다. 평면은 원형이며 단면은 타원형을 이루고 있고, 중앙에 곡옥과 같이 구멍이 뚫려 있다. 곡옥이나 관옥 등에 비해 환옥이 고인돌에서 출토되는 경우는 드물며, 여수시 평여동 다2호 고인돌에서 출토된 사례가 있다. 이 고인돌의 석실 동쪽 중앙과 남쪽에서 각각 1개씩 출토되었다.

청동기의 제작 기술

청동기는 채광(採鑛), 제련(製鍊), 용범(鎔范 : 거푸집) 제작, 주조(鑄造)의 과정을 거쳐 만들어진다. 기본적으로 요구되는 성분은 구리(Cu)·주석(Sn)·아연(Zn)·납(Pb) 등이며, 동광석(銅鑛石)이 필요하다.

세형동검의 경우 합금 비율은 구리가 79.2%, 주석이 13.4%, 아연이 6.8% 수준으로 나타난다. 제련 과정은 동광석이나 석광석·납광석 등을 숯과 함께 섞거나 교대로 쌓아서 송풍하면서 녹이고, 동광석에서 용해된 주액(鑄液)을 이용하여 청동기

거푸집(국립중앙박물관)

를 주조하려면 해당 제품에 맞는 용범이 필요하다.

한반도에서 출토된 용범은 대부분 활석제의 석범으로 나타났다. 활석제 석범(돌거푸집)이 고인돌 축조 지역에서 주로 출토되고 있다는 것은 고인돌 사회의 주조 기술자들이 상당히 높은 청동기 제작 기술과 지식을 가지고 있었음을 알 수 있다. 청동기 용범은 주로 전남 영암에서 출토된 것이 많다.

고인돌의 사회

무덤의 장법(葬法)

고인돌은 크게 무덤방이 지상에 있느냐 지하에 있느냐에 따라 '지상식'과 '지하식'으로 나눈다. 지상식은 탁자식과 위석식 고인돌이 예가 될 것이고, 지하식은 개석식과 바둑판식이 대표적이다.

무덤방의 크기는 당시의 장례 풍습을 잘 보여 준다. 무덤방 중 사람을 바로펴묻기[伸展葬]에는 턱없이 작은 것도 종종 보이는데, 이것은 화장이나 세골장[二次葬], 또는 굴장(屈葬) 등을 했거나 아니면 어린아이의 무덤이었을 것이다. 또 무덤방이 크다면 그 크기를 통하여

운곡리 고인돌의 무덤방(고창고인돌박물관)

당시 사람들의 키를 추정할 수도 있다.

무덤방을 만든 모양을 토대로 같은 문화적 풍습을 가졌는지도 추정이 가능하다. 즉, 돌널무덤〔石棺墓〕을 한 세력과 돌곽무덤〔石槨墓〕을 한 세력, 또 그냥 구덩무덤〔土壙墓〕을 이용하여 주검을 안치한 지역 등은 씨족이나 집단 간의 장례의식 차이에서 나타난 것으로 보인다.

또 무덤방 안에서는 마제석검·토기·비파형 동검·화살촉 등이 출토되는데, 발견된 위치나 방향 등을 통하여 당시의 문화상을 이해할 수도 있다. 이를테면 고인돌의 장축(長軸) 방향은 물〔江〕의 흐르는 방향으로 선호되는 경우가 많은데, 이는 고인돌 문화가 물과 깊은 관련이 있기 때문이며, 이외에도 죽은 이의 영혼 불멸을 기원하는 마음에서 물의 흐름과 같은 영생을 염원하는 것으로 이해되기도 한다. 이러한 사실들과 아울러 공반하고 있는 껴묻거리 등을 통해서도 당시 사람들의 정신세계나 사후세계에 대한 관념도 이해할 수 있다.

고인돌과 석관묘는 청동기시대 전기에 널리 사용됐던 것으로 보이는데, 청동기 후기 또는 철기시대 전기에 이르러 석관묘나 토광묘가 일정 기간 동안 공존하거나 고인돌의 하부 구조로 채택되는 현상을 발견할 수 있다. 옹관묘는 우리나라에서는 고인돌과 계통을 달리하여 분포하지만, 일본에서는 고인돌의 하부 구조로 채택되어 고인돌과 옹관묘가 결합하는 양상을 나타낸다.

• 신전장(伸展葬) : 바로 펴서 묻는 방법으로 제천 황석리 충13호에서는 신장 174cm의 남자가, 충7호에서는 신장 140~150cm의 남자가 앙와신전장(仰臥伸展葬)으로 하늘을 보며 나란히 누운, 바로 펴

황석리에서 발굴된 유골을 토대로 복원한 얼굴 모습

인골 출토 모습

상반신 출토 모습

인골 수거 후 바닥 모습

충북 제천 황석리 고인돌에서 발굴된 사람 뼈

서 묻는 방법을 사용하였다.

- 굴장(屈葬) : 머리와 팔다리를 굽혀 묻는 방법으로, 달성 진천동 3호와 진주 대평리 어은 2호 동편 석관에서 측와굴장(側臥屈葬)으로 몸을 옆으로 하여 누워 접은 자세로 묻은 장법이 보인다.
- 세골장(洗骨葬) : 사체를 일정 기간 동안 초분에 가매장하여 육탈(肉脫)시킨 뒤, 뼈를 추려 매장하는 장법이다.
- 화장(火葬) : 강원도 춘천시 중도 1호에서 5~10세 여자아이의 시체를 화장하면서 타다 남은 머리뼈와 대퇴골들이 발견되었다.

사람 뼈의 신분

사람 뼈의 출토 현황

고인돌에서 사람 뼈가 출토된 곳은 충청북도 제천시 황석리 유적을 비롯하여 강원도 춘천시 중도와 정선 아우라지, 대구시 달성 진천동, 경상남도 진주시 대평리 등이다. 또 중국 길림 지역과 북한 지역에서도 사람 뼈가 출토되었다는 보고가 있다.

사람 뼈의 출토는 고인돌 축조 당시 사람들의 기원 연구는 물론 묻기 방법〔葬法〕·머리 방향〔頭向〕·부장품의 놓인 위치 등을 통해서 장례풍습을 살필 수 있고, 그 당시의 사상과 신앙적인 측면도 추정할 수 있는 중요한 물증이 된다. 특히 북한에서는 일부 화장한 흔적이 발견되어 이 당시에 이미 화장장이 있었음을 추정하게 한다. 또 무덤방이 작은 것을 통해서는 세골장〔二次葬〕을 하거나 굴신장(屈身葬)도 했었음을 알 수 있다.

우리나라는 대체로 산성 토양이어서 고인돌 무덤에 사람 뼈가 남아 있는 경우가 별로 없다. 강한 산성 토양은 사람 뼈를 부식시키기 때문이다. 그러나 발굴 과정에서 무덤방의 토양을 정밀 분석하여 토양 속의 인(燐) 성분을 추출하여 사람 뼈가 묻혔음을 짐작할 수 있다.

경기도 양평의 상자포리와 앙덕리 고인돌에서 사람 뼈가 출토되었는데, 상자포리의 사람 뼈는 타제석부와 공열문토기편이 함께 출토되었고, 앙덕리 고인돌은 매장 주체부가 토광형으로 손목과 발목의 뼈로 추정되는 사람 뼈가 출토되었다.

강원도 춘천시 중도에서는 중도 1호 고인돌에서 몸을 옆으로 하여

충북 제천 황석리 고인돌 충7호에서 출토된 사람 뼈

누워서 꺾은 자세의 사람 뼈가 출토되었는데, 4~8세 여자아이로 추정되었다.

충청북도 제천 황석리 고인돌에서는 황석리 12·13, 충6·7·13·17 등에서 사람 뼈가 나왔다. 황석리 13호에서는 키 174cm의 남자 뼈가, 충6호에서는 20세 가량의 남자 뼈가, 충13호에서는 유아의 머리뼈가 출토되었다. 특히 황석리 고인돌 13호에서 출토된 사람 뼈는 거의 완벽한 형태로 남아 있었는데, 두개골의 형태는 장두형(長頭形)으로 오늘날의 한국인과는 차이가 있는 것으로 보고되어 있다. 두개골의 형태가 당시의 보편적인 형태인지, 개인적인 차이인지는 여전히 논란의 대상이기도 하다.

경상북도 대구시 진천동 고인돌에서는 신장 150~160cm 가량의 여자 치아가 발견되었다. 또한 경상북도 청도 신당리 고인돌에서는 머리에 돌화살촉이 박힌 전사(戰士)가 발견되었는데, 석실 안에 석검이나 석촉 등이 발견되는 고인돌은 전쟁을 수행하다 전사한 사람들의 '공헌묘(貢獻墓)'로 추정하기도 한다.

사람 뼈를 통해서 보는 사회적 성격

고인돌 축조 집단이 사회적으로 차지하는 신분적 지위는 고인돌에 매장된 피장자에 대한 골격학적 연구(Osteological study)를 통해서도 살펴볼 수 있다. 상층 신분에 속한 사람들은 사회적으로 낮은 신분의 사람들과 차별화하기 위하여 두개골 변형(Skull deformation)이나 치아의 형태를 변형하는 경우가 있으며, 또한 상층 계급의 사람들은 다른 일반 평민들보다 일반적으로 키가 큰 경향이 있는데, 이는 물론 일반 평민들보다 동물성 단백질을 훨씬 많이 섭취할 수 있는 사회적 신분 때문이라고 하겠다.

고인돌에서 여자 뼈가 출토된 곳은 강원도 춘천시 중도 1호 고인돌의 4~8세 가량의 여아 뼈와 경상북도 대구시 진천동 3호 B관에서 출토된 20세 전후의 여자 뼈가 있다. 그러나 나주 판촌리 고인돌에서와 같이 1개의 덮개돌 아래에 2개의 무덤방이 나타나는 경우 대개 부부가 합장된 고인돌로 간주되기도 하며, 고인돌의 부장품으로 가락바퀴나 곡옥 등이 출토되는 경우에는 여성과 관련된 무덤으로 파악하기도 한다. 이런 경우들에는 꼭 고인돌의 하부 구조에서 사람 뼈가 발견되지 않는다고 해도 피장자가 여자였을 것으로 해석할 수가 있는 것이다.

고인돌에서 출토된 사람 뼈의 나이는 대체로 성년에 해당하는 것들이다. 예를 들어, 황석리 충6호 고인돌에서 출토된 사람 뼈는 20세 가량의 남자이며, 황석리 충7호 고인돌에서 출토된 사람 뼈는 20~30세 가량의 성년 남자로 밝혀졌다. 또한 황석리 충17호 고인돌에서 출토된 두개골도 발육 상태로 보아 30세 전후가 되는 성년 남자로 조사되었다. 충청북도 제천 양평리 1호 고인돌에서 출토된 사람 뼈는 성별이 확인되지는 않았지만 나이는 18~35세 사이의 성년에 이른 사람으로 추정되고 있다.

앞에서 언급했듯이, 강원도 춘천시 중도 1호 고인돌, 충청북도 제천시 황석리 충13호 고인돌, 경상북도 대구시 진천동 3호 고인돌 등이 대표적인 유아장(幼兒葬) 고인돌이다. 중도 1호에 묻힌 여아는 대퇴골의 안쪽에 뼈가 자라는 병을 앓고 있었던 것으로 밝혀졌는데, 아마도 그녀는 생존 시 보행에 상당한 어려움을 겪었을 것이다. 이들 유아들이 고인돌 같은 호화 무덤에 묻혔다는 것은 이들이 사회적으로 상층 계급에 속한다는 것을 의미한다. 그것은 상대적으로 어린 나이에 노동력이 많이 투입되는 고인돌 같은 무덤에 묻힐 만큼 자신의 능력으로 경제적인 부를 축적하고 사회적인 지위를 성취했을 것이라고는 생각되지 않기 때문이다. 따라서 이들 고인돌에 묻힌 유아들의 사회적 지위는 성취된 지위라기보다는 귀속적으로 얻어진 지위라고 할 수 있다. 이는 바로 고인돌 사회에 세습적 신분제가 이미 어느 정도 성립되어 있었음을 확인시켜 주는 중요한 고고학적 자료이다.

고인돌의 축조 의례

고인돌은 비교적 전망이 좋은 구릉이나 마을 어귀에 축조되었다. 이렇게 축조된 고인돌은 피장자의 후손들에 의하여 무덤으로서 뿐만 아니라 피장자가 생전에 누렸던 사회적 위치가 자신의 세대에서도 합법적으로 받아들여질 수 있는 상징적 장소가 되기도 한다. 이를 위하여 주변에 묘역을 조성하고 종교적 의례를 행하면서 고인돌은 이데올로기적 개념을 부여받는다. 고인돌 주변에 묘역을 조성한 사실은 고인돌의 발굴사가 진전되면서 점차 많은 사례들이 보고되고 있다.

암각화와 성혈의 의미

암각화

고인돌의 덮개돌에 새겨진 암각화는 고인돌 축조 집단의 사회·문화적 배경은 물론 종교나 신화적 세계를 이해할 수 있게 한다. 이 암각화에는 석검이나 석촉 등이 새겨진 것으로, 최근 조사에서 한반도에서는 41기의 고인돌에서 43점이 확인되었다.

여수시 오림동 5호 고인돌 암각화에는 일단병식 마제석검 1점, 무릎을 꿇고 앉아 있는 인물상 1개, 서 있는 인물상 1개 등은 뚜렷하게 나타나 있다. 그러나 나머지는 어떤 것인지 확실하지 않은데, 검신 밖에 칼집이 그려져 있는, 소위 '내부 투시도법'으로 묘사되어 있다.

경상북도 포항시 기계면 인비리에 있는 인비리 16호 고인돌의 암각화는 덮개돌 남쪽 면의 오른쪽으로 치우쳐서 새겨

여수 오림동 고인돌의 암각화

져 있는데, 이단병식 석검 2점과 무경식 석촉 1점 등 모두 3점이다. 석검의 새김 수법은 오림동 고인돌 암각화에서 사용된 것과 같은 내부 투시도법이며, 손잡이 부분의 홈까지 잘 묘사되어 있다. 석촉은 밑부분이 안쪽으로 오목한 이등변 삼각형의 무경식 석촉이다.

경남 함안군 도항리 고인돌은 덮개돌 윗면에 19개의 겹동심원과 함께 크고 작은 성혈이 약 300여 개 파여져 있고, 덮개돌 상면 북서쪽에 여러 개의 가는 선으로 배 모양이 음각되어 있어 주목된다. 이들 성혈과 겹동심원들은 어떤 형태를 만들고 있는 것으로 보이는데, 태양을 상징하는 동심원이나 화살, 음각선 등과 수없이 많은 성혈이 같은 덮개돌에 빼곡히 새겨져 있다.

영일 칠포리 암각화군에는 성혈이 새겨진 고인돌이나 검파형 암각이 그려진 형태의 고인돌이 있어 이 일대의 신앙의례를 반영한 다산을 기원하는 제단의 성격으로 이해되기도 한다.

2000년에 발굴 조사된 밀양 신안유적 고인돌에서는 덮개돌 아랫부분에서 선각으로 새겨진 음각문과 사람상으로 추정되는 인면문의 암각화가

포항 인비리 고인돌의 암각화　　함안 도항리 고인돌 덮개돌에 보이는 겹동심원과 성혈

발견되었다. 중앙에서 오른쪽으로 치우친 곳의 인물상은 양팔과 다리를 벌리면서 팔꿈치는 구부린 모습으로 머리와 몸체는 가늘게 표현되었는데, 농경문 청동기의 인물상과 유사하다.

성혈(굼)

성혈(Cup mark)은 고인돌 덮개돌의 표면을 돌로 갈면서 5~10㎝ 정도의 넓이에 깊이 1~10㎝ 크기로 파 들어가 생긴 반란형(半卵形)의 홈으로, 성혈이 새겨진 고인돌은 한반도에 900여 기에 달한다. 특히 50개 이상의 많은 성혈이 있는 고인돌도 30여 기에 가까운 것으로 알려져 있다. 특히 성혈이 청동기시대와 초기 철기시대에 주로 나타나는 바위그림과의 연관설에 대한 검토가 필요하다. 왜냐하면 성혈과 바위그림은 바위나 암석 등에 무엇인가 상징적인 문양을 새겨 넣어 필요한 의례에 따라 문양의 의미와 상징성을 계속 바꾸어가는 과정 속에서 만들어진 것으로 보이기 때문이다.

양평 두물머리 고인돌의 성혈

임실군 지사면 영천마을 선돌,
성혈이 보인다.

성혈의 기능에 대해서는 여러 가지 견해가 제시되었는데, 그중 대표적인 것이 난생신화설, 풍요·다산 기원설, 그리고 별자리설 등이다. 북한학자들은 고인돌의 성혈을 초기에는 피장자의 족보나 점성술과 관련시켜 설명하더니, 최근에는 압도적으로 별자리로 파악하려는 분위기이다. 만일 고인돌의 성혈이 별자리로 간주될 수 있다면, 이는 자연현상에 대한 관찰 결과로서 고인돌 축조 집단의 경제적 기반이었던 벼농사와 관련이 있을 것이다. 남한에서 조사된 성혈 가운데 별자리 구멍으로 분류되는 고인돌에는 충청북도 청원 아득이 1호 고인돌 등이 있다.

구멍을 만드는 수법은 쪼은 다음에 갈아서 만들거나 처음부터 갈아서 만드는 방법이 있다.

고인돌 사회의 경제와 정치

고인돌 사회

벼농사의 도입으로 인구가 급격하게 증가하여 사회적 계층화가 급속히 진전되면서 계층에 기반을 둔 복합사회가 형성되자, 무덤은 죽은 자를 위한 시설이 아니라 살아 있는 자의 신분 보장을 위한 상징적 역할이 커지게 된다. 따라서 필요 이상으로 과대한 노동력이 투입되는 고인돌의 축조는 바로 지배 엘리트 집단이 그들의 선조를 신성화하고, 그들이 갖고 있는 사회적 역량을 가시적으로 보여 주고자 한 것이었다. 특히, 고인돌을 축조할 수 있는 지배 엘리트 집단들은 그들의 사회적 지위를 공고히 하기 위하여 '고인돌' 같은 무덤을 축조하면서 여러 가지 사회적·종교적 의례활동에 평민계층의 접근을 제약하고, 더 나아가 이러한 무덤들에 '신성성(神聖性)'이라는 이데올로기적 의미를 부여한다. 앞에서 살펴본 바와 같이 지배 엘리트들의 이데올로기가 고인돌 축조에 여러 형태로 직접적으로 반영하게 된다.

청동기시대에 이르러 한국사회는 도작농경이 확대되고, 그에 따른 사회적 복합성이 상대적으로 증대된 계층 사회로 진입하게 된다. 따라서 생계자원에 대한 접근도 사회적 계층에 따라 크게 다르게 된다. 특히, 고인돌이 축조되는 족장사회에서는 사회적으로 상층 지위에 있는 사람은 그 자신이 생계활동에 직접 종사하지 않고도 식량에 대한 접근이 용이하게 된다. 이는 사회적으로 하위 계층에 있는 사람들보다 신분적으로 전략적 자원의 접근에 훨씬 용이하게 되었다는 것을 의미한다.

이러한 증거는 고대 분묘에서 출토된 사람 뼈에서도 보이고 있다. 즉, 고대 마야의 분묘에서 출토된 사람 뼈를 보면, 상층 신분에 속한 사람들은 사회적으로 낮은 신분의 사람들과 차별화하기 위하여 두개골 변형(Skull deformation)이나 치아의 형태를 변형하는 경우가 있다. 우리나라 고인돌에서 출토된 사람 뼈의 분석 결과들을 보면, 고인돌

지배자의 장식용으로 사용된 청동방울
(국립중앙박물관)

청동거울(국립중앙박물관)

에 묻힌 상층 계급의 사람들은 일반적으로 신분이 낮은 평민들보다 키가 큰 경향이 나타나고 있다. 이는 일반 평민들보다 동물 단백질을 훨씬 많이 섭취할 수 있는 사회적 신분 때문일 것이다. 따라서 고인돌에 묻힌 이들 계층의 사람들은 충분한 영양을 공급받을 수 있어 튼튼한 체격이나 골격을 유지하고 있다는 점이다.

상층 신분의 사람들은 사망 시 나이에 관계없이 호화로운 분묘에 매장되는 경향이 있는데, 고인돌에 묻힌 경우가 그러한 사례에 속한다고 할 수 있다. 고전적인 예가 바로 호화로운 분묘에 매장된 유아의 분묘이다. 호화 분묘에 유아가 매장되었다는 사실은 유아가 사회에서 유지하고 있는 신분적 지위가 성취된 것이라기보다는 귀속된 것이라고 보인다. 일반적으로 아무리 뛰어난 능력을 가졌다고 해도 어린 나이에 사회적으로 그 같은 높은 지위의 신분에 이르렀다고는 생각되지 않기 때문이다.

고인돌 부장품으로 출토되는 마제석검이나 마제석촉 등은 수렵 도구나 무기로 사용되기도 하지만, 고인돌에서 발견되는 마제석검은 상당히 의례적이고 비실용적인 측면에서 만들어진 경우가 많다. 실용적이든 의례적이든 간에 피장자가 생존 시에 소유했던 것들은 그의 부장품으로서 무덤에 함께 묻힌 것으로 보인다. 특히 고인돌 덮개돌에 그 같은 문양이 새겨진 것은 피장자가 생존 시에 갖고 있던 정치적 능력을 상징화한 것이며, 출계집단(Descent group)은 이러한 상징적 아이덴티티를 통하여 혈족의 결속을 도모하고, 그들의 조상이 누리던 정치적인 우월적 기반을 계속적으로 유지하고자 하였다.

고인돌 축조 집단은 덕천리 1호 고인돌 축조에서 보듯이 고인돌 주변의 넓은 공간에 묘역을 조성한 것은 역시 조상 제례의 의례적 행위를 할 수 있는 장소를 마련한 것이며, 한편으로는 고인돌에 묻힌 피장자에게도 묘역의 공간만큼 위엄과 신성성을 부여하는 방안이 고려된 것으로 보인다.

우리나라 청동기시대의 족장사회는 조상 숭배나 종교 의례 등을 정치적 이데올로기로 이용하여 고인돌을 축조하고, 노동력을 통제하는 과정에서 출현하였던 것으로 해석되고 있다. 고인돌 사회는 족장사회로서 단순한 평등사회가 아닌 상당히 복합적으로 진전되고 혈연을 기반으로 하는 계급사회였다고 할 수 있다. 그리고 이러한 복합사회의 확대가 바로 한국에 초기 국가가 탄생하는 정치·사회적 배경으로 작용하였던 것이다.

따라서 고인돌은 당시 정치·종교적 목적을 위한 이데올로기적 측면에서 축조되었던 것이다. 즉, 고인돌의 축조 집단은 자신들 조상의 신성성을 나타내기 위한 상징적 행위로서 고인돌의 축조는 물론 고인돌 주변에 묘역을 조성하는 한편, 사람 얼굴 모양이나 마제석검 같은 암각화를 새기는 이념적 조작 행위 등을 통하여 그들의 사회적인 우월적 지위를 공인받고자 한 것으로 해석할 수 있다.

고인돌 피장자의 출계집단(出系集團)은 이러한 자신들 조상의 권위를 신격화하는 상징적 행위를 통하여 친족 내부 간의 결속을 도모하고, 또 종교의례를 통하여 일반 평민계층에게 공인시킴으로써 자신들이 가진 기존의 사회적 지위를 더욱 공고히 하고자 하였던 것이다. 따라서 고인돌에 새겨진 여러 형태의 암각화는 바로 고인돌 축조 집단의 계층적 사회구조를 상징적으로 표출하고 있는 것이다.

고인돌 사회의 경제

우리나라는 대략 기원전 1500년경부터 청동기시대에 접어들었다. 신석기시대의 빗살무늬토기를 대체하는 중국 동북 지방과 한반도 서북부 지역의 영향으로 새로운 무문토기와 마제석기를 사용하던 사람들은 고인돌로 대표되는 무덤을 축조하는 전통을 정착시키고 구리에 주석을 섞은 청동기 주조 기술을 수용하여 다양한 시설을 갖춘 마을이 등장하였다.

고인돌 사회의 주거 형태를 보면, 청동기시대의 주거지는 주로 이른 시기에 축조된 세장방형이나 장방형의 대형 주거지와 늦은 시기의 방형·원형의 소형 주거지로 나눌 수 있다. 대형 주거지는 여러 세대가 공동으로 생활하였으며, 방형·원형의 주거지는 단일 가족이 사용한 것으로 추정한다. 이 중 세장방형 주거지는 장폭 비율이 3.0 이

하남시 미사리 선사 주거지

상 되거나 장축 길이가 약 8m 이상 되는 것으로, 비교적 규모가 크고 길쭉한 형태의 주거지를 의미한다. 이 주거지는 고인돌이 축조된 아래층이나 근처에서 발견되는 경우가 많다. 따라서 세방장형 주거지는 고인돌의 축조가 시작된 시기에 유행한 것으로 보인다. 경기도 파주군 당하리와 교하리, 옥석리, 강화의 삼거리 고인돌을 발굴하는 과정에서 발견되었다. 파주 덕은리 주거지는 20여 기의 고인돌이 구릉 능선을 따라 흩어져 있는데, 이 중 가장 높은 곳에 있는 고인돌 옆에서 반지하식 대형 수혈식 주거지가 발견되었다. 광명시 가학동 고인돌 옆에서는 장방형 주거지가 발견되었다.

청동기시대 사람들이 농사를 지었다는 입증은 고고학적 발굴을 통하여 논과 밭의 흔적으로 알 수 있다. 논농사와 밭농사를 통하여 쌀·보리·밀·기장·조·콩·들깨 등을 재배하였고, 돌칼이나 돌낫을 이용하여 농작물을 수확하였다. 그러나 농사만으로는 먹거리가 충분하지 않아 수렵이나 어로, 채집을 통해 식량을 보충하였다. 청동기시대의 마을은 주거지뿐만 아니라 무덤이나 경작지를 포함하여 의례나 저장을 위한 공간이 배치되는 등 당시 생활에 관련된 전반적인 기능의 공동 복합체였다. 농경사회가 발달하면서 인구가 증가하고 생활 영역도 확대되었는데, 이런 과정에서 공공의 노동력을 관리하고 이웃 마을과의 관계를 위한 중재자나 대표자와 같은 특정 개인 또는 집단의 등장이 예상된다. 잉여물에 대한 쟁탈과 갈등에 동반하여 공동체적인 단합을 위한 마을 전체를 대상으로 한 의례가 중요한 역할로 부각하게 되고, 마을과 마을 혹은 집단 간의 갈등을 조절하여 통합으로 이끄는 유력자나 통솔자가 청동기시대의 농경마을에서 중요한 역할을 하였을 것으로 여겨진다.

고인돌 사회의 정치

인류 사회 조직의 진화 과정은 '무리사회(Bond : 소규모의 친족에 기초를 둠.)→부족사회(Tribe : 보다 넓은 범위의 친족 분절(親族分節)의 연합 사회)→족장사회(Chiefdom : 부족사회보다는 좀 더 복잡한 형태의 중앙 정부를 가진 사회 정치적인 조직으로 구성된 사회)→고대 국가(State : 중앙집권적으로 조직된 관료적이고 강제적 물리력을 갖춘 사회 정치적인 조직의 사회)'로 구분하고 있다.

고인돌의 무덤방에서 마제석검, 마제석촉, 돌도끼 같은 석기류나 비파형 동검, 비파형 동모, 또는 세형동검 같은 금속기류 등 모두 무기로 사용되는 유물들이 빈번하게 출토되고 있고, 또한 고인돌의 덮개돌에서 암각화 형태로 마제석검이나 방패형 문양 등이 새겨져 있다는 사실에 주목할 필요가 있다. 이것은 바로 고인돌 피장자의 사회·정치적 성격을 내포하는 것이기 때문이다. 성인 남성의 사람 뼈와 부장품의 성격을 고려하면 피장자는 그들 집단 내에서 일정한 정치적인 힘을 발휘할 수 있던 자들이었던 것으로 보인다.

고인돌 사회는 사회적 계층화가 이루어진 지배 상층 계급의 묘제였다고 하는 시각이다. 고인돌의 축조는 많은 노동력과 시간이 소모되는 작업인 데 비하여 무덤의 기능 이외에 다른 실용적 기능이 없으며, 고인돌 사회는 기본적으로 벼농사로 식량 생산이 증대되고 그러한 증대된 식량이 재분배되는 사회이며, 청동기 같은 물품을 전문적으로 제작하던 기술 전문가 집단이 출현하는 등 족장의 주도 하에 사회가 운영되는 계층 사회였다.

특히, 벼농사에 의한 잉여생산물은 고인돌 축조 집단의 상층 계급 지배 엘리트들에 의해 통제되었다. 이러한 재분배적 통제 기제는 상층 지배집단에게 부의 축적을 가능하게 하였고, 이러한 경제구조는 다시 지배자(The rulers)와 피지배자(The ruled)로 하는 사회적 계층화로 전환되었다. 그런 가운데 지배 상층 계층은 자신들의 지위를 합법화하고 자신의 가계를 우월적 존재로 부각시키기 위해 조상신의 숭배나 종교적 의례활동을 정치권력의 이데올로기로 전환시켰던 것이며, 지배 상층 계급의 사람들은 자신의 조상을 신성시하기 위한 정치적 이데올로기의 목적 아래 필요 이상으로 엄청난 노동력을 투입하여 고인돌을 축조했던 것이다.

고인돌의 분포

한반도의 고인돌

중국에는 '전탑(塼塔)'이 많고, 일본에는 '목탑'이 많으며, 우리나라에는 '석탑'이 많은 것으로 잘 알려져 있다. 또 우리나라에는 '고인돌'이 많다. 이는 다루기 쉬운 질 좋은 석재가 많기 때문이다. 특히 화강암으로 만든 고인돌이 많은데, 이것은 일정한 모양의 석재를 떼어 내기가 비교적 쉽기 때문이다. 또 응회암이나 역암으로 된 고인돌도 있는데, 이러한 돌감은 의도한 모양으로 떼어 내기가 어렵기 때문에 길이를 늘이기보다는 두께로 장중함을 표현한 경우가 많다.

한반도의 고인돌은 세계에서 가장 숫자가 많고 밀집도가 높다. 울릉도(서울대박물관, 내수전리 고인돌, 1998년), 함경북도 김책시에서도 탁자식 고인돌이 발견되는 등 북쪽의 두만강 유역 일부를 제외한 거의 모든 지역에서 발견되고 있다. 중국의 고인돌은 요하 서쪽에서는 발견되지 않고 요동반도를 중심으로 분포하고 있으며, 일본은 규슈 지역의 서북쪽에 주로 분포하고 있다.

동북아시아 지역의 고인돌 분포도

우리나라에서 제일 큰 고인돌로 알려진 것은 황해남도 은율군 관산리 1호 고인돌로, 덮개돌의 크기가 자그마치 875㎝에 이르고 있어 실물을 접하면 엄청난 규모로 느껴진다. 이 고인돌은 세계에서 가장 큰 덮개돌을 자랑하고 있다. 가장 무거운 고인돌은 전북 고창군 운곡리

21호 고인돌로, 무게가 무려 297톤에 이르러 단일 고인돌로서는 세계 최대이다. 이렇게 크고 무거우면서도 다양한 형태인 우리나라 고인돌은 세계의 학자들을 놀라게 하였고, 세계유산으로 지정되었다. 남한에서 덮개돌 길이가 가장 긴 고인돌은 여수 왕바위재 고인돌로 8.6m이고, 그 다음이 화순 핑매바위 고인돌로 7.3m이다.

고인돌은 한민족에게 있어서 독특한 문화유산이며, 유일하게 세계유산에 등재됨에 따라 한반도가 세계 고인돌 문화의 중심지였음을 보여 준다. 한반도의 고인돌 중에서 남한에 위치하는 고창·화순·강화 고인돌만 세계유산으로 등재되었지만 북한 고인돌의 중요성은 남한의 고인돌에 결코 뒤지지 않는다.

북한에는 2만 기 이상의 고인돌이 분포하는 것으로 알려져 있다. 특히 대동강과 재령강 주변 등 평양과 황해도 일대에 집중적으로 분포하고 있으며, 청천강 이북으로는 많이 분포하지 않는 특징을 보여

남한에서 덮개돌 길이가 가장 긴 여수 왕바위재 고인돌

준다. 북한은 국보급 문화재를 180여 건 지정하여 보호하고 있는데, 이 중 노암리 고인돌, 용동리 고인돌, 관산리 고인돌, 용산리 고인돌, 황대성 고인돌 등이 국보급으로 지정되어 있다. 북한은 고구려의 벽화고분과 개성역사지구가 세계유산으로 등재되어 있지만 고인돌은

국보급으로 지정되어 있는 북한의 용산리 고인돌(위)과 용동리 고인돌(아래)

등재되어 있지 않다. 2002년에 유인학·임효재 등이 세계유산 지정을 위해 북한을 방문하였지만 후속 조치가 없어 이루어지지 못하고 있다. 기존 등재 구역(고창, 화순, 강화)에 추가하는 확장 등재(Extention registration)를 고려할 필요가 있다.

세계의 고인돌

고인돌은 영국·아일랜드·스페인·포르투갈·프랑스·덴마크·독일·네덜란드·스웨덴·벨기에·이탈리아·러시아 등 유럽과 지중해 연안 지역, 북부 아프리카인 알제리, 아시아의 인도·인도네시아·베트남·일본 규슈(九州) 지방·중국 동북부 지방 그리고 우리나라에서 발견되고 있다. 변광현은 『고인돌과 거석문화』에서 이외에도 에티오피아, 튀니지, 모로코, 이스라엘, 요르단, 터키 등에서도 고인돌이 발견되었다고 고인돌의 스케치를 제시하고 있다.

유럽

유럽의 거석문화는 프랑스, 영국, 아일랜드, 포르투갈 등 주로 서유럽의 대서양 연안을 따라 집중 분포되어 약 2,500㎢ 범위에 걸쳐 거석 유적이 확인되었다. 이는 지중해의 몰타 섬과 이탈리아, 네덜란드 북부, 독일, 덴마크, 스웨덴 남부 등지에서도 발견되고 있다.

서유럽을 중심으로 한 거석문화는 신석기시대에 농경의 파급과 함께 확산되어 나간 것으로 보고 있으며, 주변에서 석재를 구하기 쉬운 지역을 중심으로 발달하였다. 유럽의 고인돌은 무덤방이 하나이건 여

프랑스 카르나크 고인돌(터널형)

러 개이건 여러 사람의 뼈가 합장되어 있는 것이 많은 것으로 보아 가족묘로 추정하면서 공동체적 사회 성격을 반영하는 것으로 보고 있다.

동남아시아

인도네시아에서는 고대 거석물과 근래의 거석물이 공존하고 있다. 다시 말해 인도네시아 거석문화의 특징은 선사시대에 만들기 시작하여 지금도 계속되고 있다는 점이다. 누사떵가라(Nusa Tengara)로 알려진 소순다 열도(Lesser Sunda Island)의 여러 섬 중 하나인 숨바(Sumba) 섬에서는 지금도 고인돌을 만들고 있다. 옛 부족사회의 전통을 잘 간직하고 있는 이곳에서 고인돌의 채석 과정과 덮개돌 이동 과정, 그리고 많은 인원을 동원하거나 장례 전후의 풍습 등을 볼 수 있다. 인도와 동남아시아의 고인돌은 기원전 1000년경부터 축조되기 시작하였는데, 동남아시아의 일부 섬에서는 21세기 현재까지도 고인돌을 축조하는 전통이 남아 있다.

인도네시아의 고인돌(서숨바)

일본

일본의 고인돌은 우리나라 남해안과 가까운 규슈 서북 지방에만 주로 분포하고 있으며, 600여 기에 이른다. 특히 우리나라의 남부 지역과 인접한 규슈 지방에서도 우리와 바다를 맞대고 있는 북쪽에 주로 분포한다는 사실은 우리나라의 고인돌과 매우 밀접한 관계가 있음을 말해 준다. 일본 고인돌의 기원이 야요이 문화 형성기와 거의 동시대로, 우리나라 청동기 문화 요소와 연결시켜 야요이 문화를 이해하고자 하는 경향이다. 앞선 시기인 죠몽 시대의 유적이 대부분 하구나 해안, 산기슭, 또는 산중에 위치하는 데 비해 고인돌은 농경이 가능한 평야를 낀 대지상에 위치하는 것도 고려된다. 즉 도작(稻作)의 원류를 파악할 수 있는 고인돌 형성기와도 무관하지 않고, 일본 초기 고인돌의 분포 지역과 그 궤를 같이하고 있기 때문이다.

일본의 고인돌은 지역 분포상뿐만 아니라 형태에 있어서도 우리

일본의 규슈 사가 고인돌(강화역사박물관)

와 밀접한 관계가 있다. 일본에서는 전라도 지역에서 많이 보이고 있는 바둑판식과 개석식 고인돌이 주로 분포한다는 점 역시 우리나라의 고인돌과 일본 고인돌이 매우 밀접한 친연성이 있었음을 잘 보여준다.

중국

우리나라에 분포하고 있는 고인돌 수가 수만 기에 이르기 때문에 거대한 영토를 가진 중국에는 더 많은 고인돌이 있을 것이라고 생각할 수 있다. 그러나 중국에는 우리와 가까운 요령성(遼寧省)이나 길림성(吉林省) 등 동북부 지역과 동남부의 절강성(浙江省)에만 분포한다. 요령성이나 길림성에 750여 기, 절강성에 50여 기 등 총 800여 기에 불과하다. 현재의 영토 개념으로 보았을 때 중국의 넓은 대륙에는 거의 고인돌이 분포하지 않는다 해도 과언이 아니다.

요동반도의 개주 고인돌

　요령 지역을 중심으로 한 중국 동북부 지역의 고인돌 분포가 고조선의 영역과 상당 부분 연관성을 가지고 있으면서 비파형 동검, 미송리형 토기 등 고조선의 성격을 가늠할 수 있는 유물이 출토되므로 고인돌의 분포를 통하여 고조선의 영역을 설정하기도 한다.

한반도 고인돌과 다른 나라 고인돌과의 차이점

　우리나라를 비롯한 아시아 지역은 하나의 무덤방에 하나의 덮개돌이 있는 것이 특징이며, 서유럽은 여러 개의 받침돌을 연이어 만들고 그 위에 수개의 덮개돌이 덮여 있는 터널형 혹은 복도형, 통로형 같은 구조적 특징에 차이가 있다.

유럽의 고인돌에서는 합장을 하거나 많으면 한 무덤방에 여러 구의 시신을 묻는데, 이는 여러 세대에 걸친 공동체의 가족납골당 형식을 취한 것으로 보인다.

인도와 인도네시아의 고인돌은 탁자식과 석주식 등이 많이 분포한다. 서유럽의 고인돌은 지상식이 많으며, 무덤방이 연결되어 만들어진 경우가 많아 그 길이가 70m에 이르는 경우도 있다. 우리나라의 고인돌은 다른 나라 고인돌과는 달리 여러 가지 특징이 거론된다. 우선 많은 고인돌이 한 지역에 떼로 무리지어 분포하고 있다는 점, 다른 어느 나라에서도 볼 수 없는 수많은 고인돌이 분포한다는 점이 특색이다. 그리고 탁자식, 바둑판식, 개석식, 위석식 등 다양한 형태의 고인돌이 함께 섞여 있다. 뿐만 아니라 다른 나라의 고인돌은 거의 비슷한 유형만 분포하는 데 비하여 다양한 모습은 또 다른 차이점이라 할 수 있다. 가장 크고, 가장 무거우며, 가장 웅장한 고인돌이 우리 한반도에 있다는 점도 다른 나라 고인돌과는 차이가 있다.

이렇듯 우리나라는 고인돌의 다양한 형태가 공존하고 밀집도가 높을 뿐 아니라 돌감을 마련한 채석장의 존재도 밝혀졌다. 따라서 우리나라는 고인돌의 기원이나 성격, 고인돌의 변천사에 이르기까지 숱한 고인돌의 보고(寶庫)라 할 만하다.

세계유산으로서의 고인돌

세계유산은 문화유산·자연유산·복합유산으로 나누는데, 거석 유적지나 기념물 중 세계유산으로 등재된 건은 세네갈·감비아의 세

네감비아 환상열석군(2006), 에티오피아의 티야 비석군(1980), 영국의 스톤헨지 유적과 에이브베리 거석 유적(1986), 요르단의 페트라(1985), 이집트의 기자에서 다슈르까지의 피라미드 지역인 멤피스와 네크로폴리스(1979), 칠레 이스터 섬의 모아이 석상이 있는 라파누이 국립공원(1995), 핀란드의 청동기시대 매장지 사말라덴마키(1999년, 돌무지무덤) 등이 있다. 특히 고인돌(Dolmen site)은 우리나라가 유일하게 등재되어 있다.

고창·화순·강화 고인돌이 세계유산으로 등재된 것은 2000년 12월이다. 고창은 고창읍 죽림리 및 도산리와 아산면 상갑리 및 봉덕리 일대 고인돌 등 447기, 화순 고인돌은 도곡면 대신리와 춘양면 효산리 일대 고인돌 615기(추정 고인돌 포함), 강화 고인돌은 하점면 부근리 고인돌 등 70기 등 1,132기가 세계유산에 등재되었다.

고창·화순·강화 지역의 고인돌은 세계에서 가장 밀집도가 높고 다양한 형식의 고인돌이 한 지역에 분포하고 있으며, 이 유적들을 통하여 우리나라 고인돌의 기원 및 성격뿐만 아니라 동북아시아 고인돌의 변천사를 규명하는 열쇠가 되고 있어 주목을 받고 있다. 이 때문에 유네스코 세계유산위원회에서 등재 기준 제Ⅲ항 "독특하거나 지극히 희귀하거나 혹은 아주 오래된 유산"의 내용을 적용하여 인류가 보존해야 할 세계유산적 가치를 인정한 것이다.

유네스코 한국위원회는 "한국의 고인돌들은 거대한 바위를 이용해 만들어진 선사시대 거석 기념물로 무덤의 일종이며, 고창·화순·강화 세 지역에 나뉘어 분포하고 있다. 한 지역에 수백 기 이상의 고인돌이 집중 분포하고 있으며, 형식의 다양성과 밀집도 면에서 세계적으로 유례를 찾기 어렵다. 이 세 지역의 고인돌은 고인돌 문화의 형성 과정과 함께 한국 청동기시대의 사회구조 및 동북아시아 선사시대의 문화 교류를 연구하는 데 매우 중요한 유산이다."라고 기재하고 있으며, 등재 기준에서 "고창, 화순, 강화의 고인돌 유적은 기원전 1000년에 만들어진 것으로 장례 및 제례를 위한 거석문화의 유산이다. 이 세 지역의 고인돌은 세계의 다른 어떤 유적보다 선사시대의 기술과 사회상을 생생하게 보여 준다."라고 기술하고 있다.

세계유산 고창 고인돌

고창 고인돌의 개황

고창군의 환경

고창군은 지리적으로 전라북도의 서남단에 위치한다. 동북쪽으로는 정읍시, 동남쪽으로는 전남 장성군, 남쪽은 전남 영광군, 서쪽은 서해, 북쪽은 줄포만을 두고 부안군과 접하고 있다. 고창군의 기후는 연간 14.3℃, 연강수량 1,150mm 내외이며, 겨울철에는 눈이 많다. 산지 사이에는 100m 미만의 넓은 구릉지가 발달하여 충적평야가 형성되어 있다.

죽림리 고인돌군에서 본 고창읍

고창의 지형은 동쪽이 높고 서쪽이 낮은 동고서저(東高西低)형으로, 노령산맥이 동쪽의 군 경계를 남서 방향으로 뻗어 내려가다 서부 지역에 이르러 산지형 지형을 형성하고 있다. 지질은 신생대 중기의 변성암류인 편마암류와 편암류의 암석이 기반암을 이루고 있다.

고창읍의 뒷산인 방장산(734m)에서 발원한 인천강이 아산면을 지나 선운사 입구를 거쳐 서해의 줄포만으로 흘러 들어가는데, 죽림리 고인돌 앞으로 흐르는 하천은 방장산에서 내려온 물이 주진천(舟津川)으로 향하는 지류이다. 과거에는 죽림리가 소재한 지역의 지명이 배나루[舟津(주진)]였으며, 이곳의 농토 아래에서 갯벌이 드러나기 때문에 죽림리와 건너편 도산리 사이의 농토인 청산(靑山)들은 바다였거나 갯벌이었을 것으로 추정하고 있다.

고창군은 동남쪽에서 발원하는 여러 소하천이 서북쪽 서해의 곰소만으로 흘러가는데, 서북쪽의 산지와 동남쪽의 충적 대지가 적절히 조화를 이룬 자연환경을 바탕으로 선사시대부터 다양한 문화유적을 남겼다.

고창군의 고인돌

전라북도에는 처음 조사에서 3,000여 기의 고인돌이 분포하는 것으로 알려졌는데, 이 중 50%가 넘는 1,500여 기가 고창군에 집중적으로 분포한다. 고창군에 소재하는 고인돌의 숫자는 세계유산 고창 고인돌 447기 외에 2008년 군산대박물관에서 시행한 지표 조사에서 1,121기가 추가로 확인되었다. 따라서 고창군에는 모두 1,568기가 분포하고 있다. 군산대박물관 조사를 기초로 한 고창 고인돌 분포 현황은 다음 표와 같다.

분 류	고인돌	분 류	고인돌
고창읍	338(266)	대산면	228
고수면	106	심원면	170
아산면	295(181)	성내면	18
무장면	58	신림면	10
상하면	64	부안면	55
해리면	95	공음면	7
성송면	124	계	1,568(447)

* 고창고인돌박물관, (   )은 세계유산 고인돌

    고창군은 고창읍에서 고수·성송·대산면으로 이어지는 동부 산간
지대와 고창읍에서 아산·부안·해리·심원면으로 이어지는 북부 산간
지대가 형성되어 있고 대체적으로 낮고 평평한 구릉지대를 이루는데,
고인돌은 동부 산간지대와 북부 산간지대에 집중적으로 분포되어 있
다. 고인돌의 분포 양상을 보면 당시 사람들이 하천을 낀 산간이나 구
릉에서 생활하였으며, 점차 내륙으로 이동하여 생활했던 것을 추정할

대산면 상금리 고인돌

성송면 판정리 고인돌

수 있다.

고창 고인돌의 입지는 대체로 하천을 끼고 있는 산 경사면의 하단부와 개활지(開豁地 : 앞이 탁 트여 열려 있는 땅)에 두고 있는데, 이러한 입지는 고인돌을 축조할 당시의 생활상과 밀접한 관계가 있는 것으로 보인다.

고인돌의 밀집도에 있어 산간지대와 낮은 구릉지대 사이에 상당한 편차를 보이는 것은 고창군에 살았던 사람들은 하천을 끼고 있는 산간이나 산간과 구릉이 접한 지역이 주활동 무대였으며, 낮은 구릉지대로 점차 활동 영역을 넓혀 나갔기 때문인 것으로 보인다.

고창군의 고인돌 조사

세계유산 고창 고인돌에 대한 조사는 1965년 아산면 상갑리에 위치한 3기의 고인돌을 발굴하면서부터 시작되었고, 1983년에는 고창과 아산댐 수몰지구인 아산면 용계리·운곡리 고인돌에 대한 발굴 조사가 이루어졌다. 1990년에 상갑리와 죽림리 고인돌 442기에 대한 지표 조사가 이루어져 각 고인돌에 대한 고유 번호가 부여되었다.

1990년 10월에 원광대〈마한백제문화연구소〉가 시행한 지표 조사에 의해 상갑리·봉덕리·죽림리 등지에서 442기의 고인돌이 발견되었는데, 이때 고인돌의 분류를 탁자형 2기, 기반형 247기, 지상석곽형 44기, 불명 149기로 나누어 보고하였다. 이 보고서에서 지상석곽형은 탁자식 고인돌에 하나씩 조립되었던 측벽석(側壁石)을 2매 이상의 판석을 짜맞추어 덮개돌을 고인 형식이라 말하고, 탁자식 고인돌

고창 고인돌 관련 주요 조사

연 도	조사기관 및 연구자	보고서 및 논문	비 고
1967	국립박물관(김재원 외)	한국 지석묘 연구	상갑리 고인돌 3기
1984	전북대학교박물관	고창 지방문화재 지표 조사 보고서	세계유산 고창 고인돌
1992	원광대 마한백제문화연구소 (전영래)	고창 죽림리 일대 지석묘군 지표 조사 보고서	고유 번호 부여
1993	원광대 마한백제문화연구소 (전영래)	고창 죽림리 지석묘군 발굴 보고서	2지구 3군(16기)
1999	전주대 역사문화연구소	고창 지석묘군 상석 채굴지 지표 조사 보고서	
2001	호남문화재연구원	고창 고인돌유적 지표 조사 보고서	
2005	원광대 마한백제문화연구소	문화유적 분포 지도-고창군	고창군 전체 고인돌
2007	원광대박물관	고창 죽림리 재해 고인돌 발굴 조사 보고서	2419호, 2433호 등
2009	군산대박물관	고창군의 지석묘	세계유산 고창 고인돌 제외
2010	고창군·동북아지석묘연구소	세계유산 고창 고인돌	

* 연도는 보고서 발간 연도임.

의 퇴화된 형식 또는 바둑판식으로 이행하는 것으로 보았다. 2000년 〈호남문화재연구원〉의 지표 조사에 의해 고인돌 형식은 탁자식, 바둑판식(기반식), 개석식으로 나누고 지상석곽형은 제외하였다.

2005년에는 보호 구역 내에 있던 석치마을과 매산마을 등의 가구가 고창고인돌박물관 옆에 새로 조성된 매산마을로 이주하였으며, 2008년 9월에 고창고인돌박물관이 개관되면서 고인돌 유적지에는 차량의 통행이 금지되었고, 고인돌군 입구에는 2014년부터 '죽림리 선사마을' 조성사업이 진행되어 2016년에 완공되었다.

고창 죽림리 고인돌 2333호 무덤방 발굴(고창고인돌박물관)

고창 죽림리 고인돌 2439호 발굴 현장 모습(고창고인돌박물관)

매산마을(1999)

죽림리 선사마을(강화로닷컴)

세계유산 고창 고인돌의 분포

　기원전 5~4세기경에 조성된 것으로 보이는 세계유산 고창 고인돌은 세계 최대의 고인돌 집단 군락지라 할 수 있는 고창읍 죽림리 일대, 그리고 아산면 상갑리·봉덕리와 고창읍 도산리에 자리 잡고 있다. 이곳은 고창읍에서 북서쪽으로 6.5km 남짓한 지점에 있으며, 앞에는 인천강의 지류인 고창천이 흐르고 있다.

　고인돌 군락지에는 서쪽의 상갑리와 봉덕리에 성틀봉(158m), 동쪽의 죽림리에 중봉(199m)이 있으며, 죽림리에 속하는 중앙의 말발굽형의 곡간지(谷間地)를 중심으로 1.8km 범위에 440여 기의 고인돌이 분포하고 있다. 이 지역은 1994년 12월 사적 제391호로 지정되었으

고창고인돌공원 전경(강화로닷컴)

며, 인근의 도산리 고인돌과 함께 636필지 1,011,220㎡가 보호 지역으로 지정되어 2011년에 '고창 죽림리 지석묘군'으로 명명되었다.

이 지역은 8000만 년 전 중생대 백악기 때 선운산을 중심으로 큰 화산이 활동했고, 이 화산재가 두껍게 쌓여 굳은 응회암과 점성 높은 용암이 굳은 유문암이 주로 고인돌의 재료가 되었던 것으로 보고 있다.

고인돌 대부분은 곡간지를 중심으로 산줄기의 남쪽 기슭을 따라 표고 20~67m의 범위 내에 군을 이루며 고창천과 등고선을 따라 분포하고 있다. 남쪽에 논 중심의 농경지가 있고, 북쪽으로 경사면을 따라 산림이 형성되어 있으며, 논과 산림의 경계선상의 완만한 사면에 취락지와 밭이 동서로 길게 분포한다. 그러므로 고인돌은 주로 산림과 농경지 사이의 경계선상에 분포하고 있는 셈이다. 고창고인돌박물관 쪽에서는 죽림리·상갑리·봉덕리 고인돌군 전체를 조망할 수 있으며, 고인돌군 쪽에서는 도산리 고인돌군을 조망할 수 있다.

고창 고인돌군은 1지구와 2지구, 그리고 도산지구 등 3개소로 분류된다. 1지구는 아산면 상갑리와 봉덕리, 2지구는 고창읍 죽림리, 도산지구는 고창읍 도산리에 속한다. 모두 밭 개간 등으로 파괴된 고인돌 7기를 포함하여 447기의 고인돌이 분포하며, 탁자식·바둑판식·지상석곽형·개석식 등 여러 형식의 고인돌이 혼재하고 있어 고인돌의 발생과 전개 및 그 성격 면에서 중요한 자료를 제공하고 있다. 그러나 447기의 고인돌 형식에 있어서는 연구자마다 형식 분류 체계가 서로 달라 이를 조정하는 것이 하나의 과제로 대두되고 있다.

세계유산 고창 고인돌의 형식 분류

연구자	탁자식	변형 탁자식	지상 석곽형	바둑판식	개석식	불명
마한백제연구소(전영래)	3	—	44	250	—	150
고창군	2	—	46	246	—	153
호남문화재연구원(전영래)	2	—		133	220	92
동북아지석묘연구소(이영문)	2	46	—	86	221	92

위의 표를 보면 〈호남문화재연구원〉과 〈동북아지석묘연구소〉는 지상석곽형을 분류하고 있지 않고 개석식과 변형 탁자식으로 분류하고 있다. 또 2428호 고인돌의 경우 〈마한백제연구소〉는 탁자식(북방식), 〈동북아지석묘연구소〉는 변형 탁자식으로, 고창군은 지상석곽형으로 분류하고 있다.

2000년 〈호남문화재연구원〉의 보고서를 중심으로 하고, 1992년의 〈마한백제문화연구소〉의 지표 조사 보고서를 참고로 하여 고창 고인돌의 면모를 살펴보면 아래와 같다.

세계유산 고창 고인돌의 조사 구역별 분포

1지구	조사 구역	2지구	조사 구역	도산지구	조사 구역
1군—42기	아산면 상갑리	1군—39기	고창읍 죽림리		
2군—43기	상갑리·봉덕리	2군—66기	고창읍 죽림리	도산지구—5기	고창읍 도산리
3군—49기	봉덕리	3군—62기	고창읍 죽림리		
4군—47기	봉덕리	4군—41기 5군—21기 6군—32기	고창읍 죽림리		
계	181		261	총계	447기

* 호남문화재연구원의 《고창 고인돌 유적 지표 조사 보고》 기준(2001년)

한편 고창군에서는 죽림리 고인돌을 1~3코스로, 채석장을 4코스로, 상갑리와 봉덕리 고인돌을 5코스로, 도산리 고인돌을 6코스로 나누어 운영하고 있다. 고인돌의 형식도 전영래 교수의 보고서에 의한 탁자형·바둑판형·지상석곽형·불명 등으로 분류하고 있다.

탐방 코스별 고인돌 분포

분류	1코스	2코스	3코스	4코스	5코스	6코스
기수	53기	41기	128기	채석장 23지점	220기	5기
조사 구역별 분류	2지구 5·6군	2지구 4군	2지구 2·3군		2지구 1군, 1지구 1~4군	도산지구
행정구역	죽림리 고인돌군(1)			—	죽림리 고인돌군 (2), 상갑리· 봉덕리 고인돌군	도산리 고인돌군

고창 고인돌 코스별 전경

세계유산 고창 고인돌의 특징

고창군의 고인돌은 죽림리·봉덕리·상갑리 일대에 집중 분포해 하나의 특수한 지역을 이루고 있으며, 이러한 분포는 한국 청동기시대 묘제(墓制)문화의 연구에 중요한 고고학적 자료를 제공하고 있다. 고창 고인돌 유적은 세계유산에 등재될 만큼 동북아 거석문화의 중심지로 평가될 수 있다. 이영문·신경숙의 『세계유산 고창 고인돌』을 토대로 고창 고인돌의 특징을 정리하여 살펴보면 다음과 같다.

첫째, 고창 고인돌은 1.8km의 좁은 범위에 447여 기가 밀집되어 있는데, 이러한 사실은 고창 고인돌이 세계적으로 가장 조밀한 고인돌 분포 지역임을 보여 준다.

둘째, 탁자식·바둑판식·개석식 고인돌이 같은 지역에 분포되어 있다. 그런데 고창에서 조사되는 고인돌의 형식적 특징을 보면, 탁자식은 덮개돌 하단부의 높이가 낮고, 바둑판식 고인돌은 거석화되는 양상

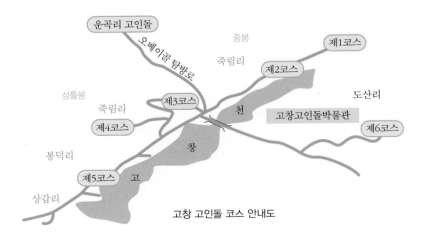

고창 고인돌 코스 안내도

을 보여 주며, 동남아에서 유행하는 석주식 고인돌들도 조사되고 있다는 점이다. 이러한 양상은 우리나라 고인돌의 기원과 동북아시아 고인돌의 변천사를 규명하는 데 매우 중요한 시사점을 주는 것이다.

셋째, 2004년의 조사에서 민무늬토기편과 붉은간토기편이 발견되었고, 1965년의 발굴 조사에서 상갑리 고인돌(A~C호) 인근 구릉의 지표에서 마제석검 손잡이편 1점이 수습되기도 하였으나 고인돌에서는 부장 유물의 발견 사례가 적다.

넷째, 정상부 성틀봉 주변에 15개소, 중봉 주변에 8개소 등 주로 7~8부 능선에서 군집을 이루며, 넓은 범위에 걸쳐 고인돌 채석장이 발견된다.

다섯째, 고창에서는 고인돌 덮개돌〔盖石〕을 지탱하는 받침돌로 다른 지역에서 잘 보이지 않는 주형(柱形) 받침돌이 많이 나타난다는 점이다.

지상석곽형의 전형 2326호

여섯째, 고창 고인돌의 크기는 1~2m의 소형이 주를 이루면서도 4m 이상의 대형 고인돌도 21기로 상당히 많이 축조되었다.

세계유산 고창 고인돌의 조망

고창 고인돌의 조망은 2001년 〈호남문화재연구원〉의 보고서를 중심으로 하고, 1992년 〈마한백제문화연구소〉의 지표 조사를 이용하여 다음과 같이 정리하였다.

죽림리 고인돌군(1~3코스)

죽림리 고인돌군(2지구)은 고창 고인돌의 백미라고 할 수 있다. 죽림리 고인돌군은 원래 소재했던 매산마을의 뒷산 지역에 해당하며, 말발굽 모양의 지형으로 북쪽 안부(鞍剖)에서 뻗어 내린 부채꼴 모양의 선상대지상(扇狀臺地上) 표고 67m까지 분포하고 있다. 특히 죽림리 고인돌군은 거대한 덮개돌을 가진 고인돌이 위용을 갖추고 있으며, 탁자식·바둑판식·개석식 등 여러 형식의 고인돌이 산등성이에 축조되어 아름답고 고요한 고인돌 풍광을 연출하고 있다. 이 고인돌군의 죽림리 고인돌군을 접한 장피엘 모엥(J.P.MOHEN) 루브르 박물관장은 "세계에서 발견된 거석문화 지역 중 가장 아름다운 지역"이라고 호평하였다. 특히 죽림리 고인돌군은 많은 고인돌이 군무(群舞)를 추듯 흐르고 있으며, 주변 나무에는 서기(瑞氣)가 어린 듯하다.

2013년, 고창군이 유네스코 생물권 보호 구역으로 등재되면서 세계유산 고창 고인돌군이 핵심 지역으로 선정되었는데, 이곳에 들어서면 인간과 자연의 조화가 마치 생태공원처럼 다가온다.

　죽림리에서 많은 고인돌이 축조될 수 있었던 것은 다른 지역에 비해 많은 채석장을 갖추고 있으며, 북쪽으로는 성틀봉·중봉의 능선이 동서로 길게 자리하여 북풍을 막아주고 앞쪽으로는 고창천 주변에 잘 발달된 충적평야가 생활 공간으로는 최적의 조건을 갖춘 지역이기 때문이다.

성틀봉에서 본 고창천과 청산들

1코스(2지구 5~6군)

《고창 고인돌 유적 지표 조사 보고》에는 2지구 5군에 해당하며, 고창군의 코스별 분류에서는 1코스에 속하는 이곳은 죽림리 산 41-2번지 일원으로, 계단을 올라서면 표고 45m의 가늘고 긴 모양의 구릉 능선부와 사면부 좁은 지역에 고인돌이 사이좋게 분포하고 있다. 구릉 능선부에 위치한 2501~2515호까지 구릉의 방향을 따라 2열로 배치되어 있어 평화롭고 고즈넉한 사찰 경내에 들어온 것 같은 느낌을 받는다. 2001년《고창 고인돌 유적 지표 조사 보고》에는 모두 21기가 소재하고 있다고 했으나 능선부 왼쪽에는 2507~2509호와 2013호, 오른쪽에는 2503~2506호와 2510~2512호까지 12기가 보인다.

왼쪽 맨 앞에서 마중하는 2507호는 개석식이나 2508호는 바둑판

2지구 5군 전경, 이곳에는 탁자식·바둑판식·개석식 고인돌이 한곳에 모여 있다.

식 고인돌이고, 중간의 2509호는 2m 이상 되는 판석 2매를 받침돌로 나란히 세우고 그 위에 덮개돌을 얹은 탁자식 고인돌이다. 이 고인돌에는 '군장 고인돌'이라는 안내판이 세워져 있는데, 고창군장의 딸과 강화군장의 아들의 사랑을 못마땅하게 생각한 고창군장이 이 일로 자살한 딸을 위하여 강화도에 있는 탁자식 고인돌을 받침돌로 세우고, 그 위에 고창에 있는 바둑판식 고인돌의 덮개돌을 얹어 2509호의 고인돌을 완성함으로써 두 남녀의 사랑을 인정해 주었다는 애절한 사랑이야기가 전해 내려오고 있다. 맨 뒤의 2513호 고인돌은 5개의 주형 받침돌이 있는 전형적인 바둑판식 고인돌로, 받침돌은 덮개돌을 직접 받치고 있으면서 무덤방의 파괴를 막아 주고 덮개돌을 더욱 웅장하게 보이는 역할을 하고 있다.

1코스에는 탁자식, 바둑판식, 개석식 등 고인돌의 여러 형식에 한

군장 고인돌이 있는 1코스

군장 고인돌 2509호는 탁자식 고인돌이다.

군장 고인돌 2509호의 덮개돌과 받침돌

받침돌이 특이한 2512호 고인돌

5개의 주형 받침돌로 되어 있는 2513호 고인돌

2지구 6군의 2620호 고인돌

곳에 모여 있어 흥미롭다. 1코스 가운데 죽림리 산 40−1번지 일원인 2지구 6군은 5군이 위치한 구릉 동쪽의 산사면에 32기가 분포하고 있는데, 대개 등고선에 평행한 동서 방향으로 열을 지어 축조되어 있다.

2코스(2지구 4군)

2코스는 죽림리 2지구 4군에 해당되며, 고인돌은 등고선과 평행한 동서 방향으로 2열로 뻗어 가고 있다. 이는 2지구 2군의 동서로 열을 짓는 형태의 연장선상에 있는 것으로 보여 의미가 크다. 마을 이주와 발굴 조사 등으로 고인돌의 풍광은 이전과는 사뭇 다른 풍경이지만 그대로 41기의 고인돌이 웅장하게 제 자리를 지키고 있으며, 특히 거대한 고인돌들의 위압적인 모습에 2코스에 들어가면 마치 고인돌 왕국에 들어선 듯한 느낌을 준다.

2406호는 622×542×250cm 크기의 덮개돌과 93∼115cm에 달하는 대형 받침돌로 구성되어 있는 바둑판식 고인돌이다. 무게는 150톤에 이를 것으로 보이며, 거대한 규모에 경외감이 느껴지는 대형 고인돌이다. 다른 고인돌과도 일정한 거리를 유지하고 있다는 점에

거대한 바둑판식 고인돌 2406호(뒤에는 2408호)

덮개돌이 거북등 모양인 고창의 특이한 변형 탁자식 고인돌 2428호

서 기존 고인돌 집단의 성원들과 구별되는 상당한 권력을 가진 족장의 무덤으로 축조된 고인돌로 보인다.

2428호의 덮개돌은 크기가 370×228×82cm이며, 무덤방은 판석

2433호 고인돌 옆 무덤방에서 출토된
점토대토기(고창고인돌박물관)

덮개돌이 두꺼비 형상으로 되어 있는 고인돌 2433호

을 이용하여 180×85×70cm 크기로 조성한 탁자형에 가까운 지상석
곽형 고인돌이다.

　2433호는 510×350×176cm의 두꺼비 형상의 덮개돌과 두께 1m
가 넘는 주형 받침돌의 위용을 갖추고 있다. 2433호 받침돌 사이에서
민무늬토기편과 붉은간토기편이 출토되었으며, 이곳에서 조금 떨어
진 무덤방의 남쪽 단벽 서쪽에 치우친 곳에서 아가리에 점토 띠를 붙
여 만든 원형점토대토기 1점이 출토되었다. 이 토기의 상한 연대가
기원전 5~4세기라는 점에서 이곳의 고인돌이 청동기시대 후기에 조
성된 것임을 알 수 있다.

3코스(2지구 2~3군)

　3코스는 죽림리 산 58-4번지 일원이다. 2지구 2군은 1군 동쪽의
봉덕리 성틀봉과 죽림리 중봉 사이의 곡간지에 위치하며, 고창 고인
돌군 가운데 중앙부에 해당한다. 동쪽에는 예전에 매산마을이 위치

죽림리 고인돌(3코스)

하고 있었다. 2지구 2군에는 고인돌군 중에서 가장 낮은 지점까지 고
인돌(2265호)이 축조되어 있으며,《고창 고인돌 유적 지표 조사 보고》
에 66기의 고인돌이 보고되었다. 대체로 등고선을 따라 동서로 열
을 짓고 있으며, 덮개돌은 다른 고인돌군에 비해 비교적 큰것이 많다
(4m 이상 6기). 2214호의 덮개돌은 크기가 549×214×190cm이며, 형
식은 지상석곽형으로 받침돌이 일부 보인다.

　　2216호는 남면에 3개의 벽석을 한 줄로 세우고 서단(西端)에 짧은
벽석 1개를 맞춰 세운 것이다. 2213호는 5~7개의 장방형 받침돌로
구성된 다지석식(多支石式)의 양상을 띠는데, 이는 지상석곽형에서
변이된 것으로 보인다. 2201~2227호까지는 등고선 북동 45° 방향

으로 열을 지은 것이 특징이다.

2지구 3군은 죽림리 665-13번지 일대로 동북 방향에 있는 화시봉(403m)에서 뻗어 내리는 능선의 말단 가까이와 옥녀봉(192m), 중봉, 성틀봉 능선의 말단 부분까지 고인돌이 축조되어 있다. 3군은 2군과 같이 성틀봉과 중봉 자리의 곡간지에 위치하지만, 고창군의 전체 고인돌군 중 가장 높은 지점에 62기가 밀집 분포하고 있다. 동쪽 사면에는 고분군이 위치하고 있으며, 고인돌의 석재를 한 곳에 모아 놓은 사례가 여러 곳에서 보이는데, 이는 원래 더 많은 고인돌이 이곳에 축조되어 있었다는 것을 보여 주는 것이다.

2308~2333호까지 약 29기는 등고선과 직교하는 정북 방향으로 열을 이루고 있다. 2308호는 지상석곽형으로, 덮개돌의 크기가 410×222×168cm인데, 이는 3군에서 가장 큰 덮개돌과 4개의 받침돌로 구성되어 있어 중심적 고인돌 역할을 한다. 예전에는 주위에 8기의 입석(立石)이 방사성으로 세워져 있었다고 하나 1988년에 훼손되어 지금은 흔적을 찾을 수 없다. 2318~2333호에 이르는 16기는 대략

지상석곽형 2214호

청산들과 박물관이 내려다보이는 지상석곽형 2308호

2지구 3군 2318~2333호 고인돌의 2열 짓기

2열로 분포하는데, 서쪽 열과 동쪽 열이 각각 8기이다. 1991년 〈마한
백제문화연구소〉에서 발굴 조사한 후 복원하였는데, 조사 결과 탁자
식에서 바둑판식으로 변해가는 과정을 엿볼 수 있는 고인돌의 형식
이 집중 분포되어 있었다고 한다(현재 고창군에서는 지상석곽형으로 분
류). 이는 전형적인 탁자식 고인돌의 퇴화 형식으로 보이는 지상석곽
형에서 바둑판식으로 입체화되어 가면서 덮개돌의 중량을 지탱하기
위하여 보조 받침돌을 괴거나 내부 구조가 퇴화하여 단순한 흔적만
남기고 덮개돌을 받침돌로만 지탱하는 바둑판식으로 옮겨 가는 과정
을 집약적으로 보여 주는 것이라 하겠다.

3군 옆으로 고창 고인돌박물관을 기점으로 하는 질마재길(43.7km)

의 고인돌 길이 나 있는데, 고인돌 길을 지나면 오베이골('五'와 전라
도 사투리로 '방향'을 나타내는 '베이'가 합친 말)과 운곡리 고인돌군 등과
연결된다.

성틀봉 채석장(4코스)

전주대학교 〈역사문화연구소〉의 《1999년 고창 지석묘군 상석 채
굴지 지표 조사 보고서》에 따르면, 고창 고인돌 채석장은 고인돌 군
집 지역의 뒷산인 성틀봉과 중봉의 7~8부 능선을 중심으로 분포하
고 있다. 채석장은 성틀봉 중심 지점 15개(A~O지점), 중봉 중심 지역
에서 8개(P~W지점) 지점 등 모두 23개 지점에서 발견되어 고인돌 조
성의 살아 있는 학습장이 되고 있다. 이 중 잘 알려진 것이 K지점이
다. 표고 80~85m 지점에 위치하고 있으며, 암석의 노출된 부위는 동
서 40m, 남북 20m의 범위에 이른다. 이곳에는 암석의 절리면을 이용
하여 'V' 자형의 홈구멍을 뚫어 쐐기를 박은 흔적이 4, 5군데 남아 있
다. A지점은 탐방 코스 채석장에 들어서면 제일 먼저 만나는 지점이
다. 암석의 주축은 남북 방향이며, 노출된 부위는 40m, 남북 15m 정
도 범위에 4~5개의 큰 암석이 분포한다.

고인돌을 조성하는 데에는 산 정상에서 덮개돌을 아래로 굴린 후
축조하는 방법, 다른 지역에서 덮개돌을 운반하여 축조하는 방법, 이
미 암석이 위치한 지역에서 바로 고인돌을 축조하는 방법이 있는데,
고창 고인돌은 대체로 덮개돌을 채굴하여 산 밑으로 굴린 다음, 굴린
돌이 경사가 완만한 지역에 멈추면, 그곳에서 고인돌을 조성하는 지

성틀봉 채석장 입구의 2239호

죽림리 고인돌 성틀봉 채석장 K지점

역에까지 이동시켰던 것으로 보인다.

암석의 재질은 대부분 화산재나 먼지가 고온인 채로 두껍게 응결하여 생긴 퇴적암이다. 쇄설암의 일종인 데사이트질 응회암이고 화성암으로 화산암의 일종인 안산반암이 8부 능선의 높은 일부 지역에서 발견되고 있다. 채석장의 암석 재질과 고인돌의 재질 성분이 일치한다는 것은 뒷산의 원석(原石)을 채굴하여 바로 고창 고인돌을 축조했다는 것을 나타내고 있는 셈이다.

상갑리·봉덕리 고인돌군(5코스)

상갑리·봉덕리 고인돌군은 중앙에서 왼쪽 끝인 예전의 석치마을에서부터 시작된다. 고인돌군 앞으로는 인천강의 지류인 고창천이 흐른다. 5코스의 고인돌군은 표고 20~50m 사이의 성틀봉 등고선 남쪽 사면을 따라 축조되어 있으며 일부는 행정구역상 죽림리에 속하는 고인돌도 있다. 이렇듯 고인돌이 군집을 이루며 열을 지어 있는 것은 고인돌 축조 집단이 혈연을 기반으로 한 지배 집단에 속할 것으로 해석된다.

1965년 국립박물관에서 상갑리·봉덕리 고인돌군 1지구 3군에서 고인돌 3기를 조사하였는데, A호는 개석식, B·C호는 바둑판식으로 확인되었다. 출토된 유물은 없지만 인근 구릉에서 마제석검 손잡이 조각이 발견된 바 있다.

상갑리·봉덕리 고인돌군은 죽림리 고인돌군에 비해 세련된 점은 적지만 고인돌 원래의 소박한 모습을 보여 주고 있다.

5코스 1(1지구 1~2군)

1지구 1군은 상갑리 산 3-1번지 일원으로, 5코스는 1지구 1~4군 외에 행정상 죽림리에 속하는 2지구 1군까지 포함되어 있다. 1지구 1군은 고창 고인돌 가운데 가장 서쪽에 분포하며, 지형적으로는 석치마을의 북동쪽 능선 하단부에 해당한다. 고인돌 덮개돌의 장축 방향은 대체로 고창천의 흐름과 일치하고 있다. 등고선과 직교하는 고인돌은 경사 방향을 따라 대체적으로 2열을 이루며, 등고선과 평행하는 고인돌도 일부 열을 이루고 있으나 분포 상태가 산만한 편이다. 고인돌의 분포는 표고 20~48m 사이에 분포하고 있다. 주로 자연적으로 형성된 경사면을 따라 분포하기 때문에 덮개돌이 아래로 기울거나 무덤방이 그대로 드러난 경우가 많다. 무덤방이 노출되어 있는 고인돌은 2기(1109, 1120호), 받침돌이 노출되어 있는 고인돌은 15기(1107~1109호 등), 덮개돌만 노출되어 있는 고인돌은 22기, 기타 3기 등 모두 42기가 분포한다. 고인돌의 형식은 바둑판식과 개석식이 반반씩으로 축조되어 있으며, 덮개돌은 입체화·거석화된 현상을 많이 보여 준다. 다른 군에 비해 이른바 지상석곽형(마한백제문화연구원 보고서에는 14기)이 많은 편이다.

1지구 2군은 상갑리 산 1-1과 봉덕리 산 7-1번지 일원에 걸쳐 있다. 2군은 1군에서 동쪽으로 17m 거리의 송림이 우거진 숲 사이에 분포하고 있어 고인돌의 보존 상태가 비교적 양호하다. 고인돌의 방향은 대부분 등고선 방향과 일치하며 주형 받침돌이 보이기 시작한다. 무덤방이 노출된 고인돌은 7기, 받침돌이 노출된 고인돌 23기, 덮개돌만 노출되어 있는 고인돌은 16기, 기타 2기 등 모두 48기가 조사되었으며, 이 가운데 지상석곽형 고인돌은 1203호 등 7기이다. 1217호

1지구 2군, 고인돌이 열을 지어 있다.

받침돌이 5개인 바둑판식 고인돌 1217호

판석 3매를 2단으로 쌓은 지상석곽형 고인돌 1203호

는 70~87cm 높이의 주형 받침돌 5개로 구성된 바둑판식이며, 덮개돌의 크기는 405×404×278cm로 2군에서 가장 크다. 1203호는 무덤방의 일부가 노출되어 있는 지상석곽형 고인돌이다. 그리고 매장 주체부는 덮개돌 아래에 판석형 벽석으로 구성되어 있고, 무덤방의 크기는 157×70×50cm이다.

5코스 2 (1지구 3~4군)

1지구 3군은 봉덕리 산 7−1번지 일원으로, 2군에서 동쪽으로 13m 거리의 표고 28~32m 지점에 49기(1301호~1349호)의 고인돌이 군락을 이루고 있다. 1지구 3군은 민묘를 중심으로 북쪽과 남쪽으로 나누어 분포 한다. 이 가운데 1321호는 3군 내에서 가장 높은 지점에 위치

1지구 3군 고인돌군

해 있으며, 덮개돌의 크기는 427×390×290cm이고, 받침돌은 크기가 59~94cm에 이른다. 민묘 아래의 고인돌은 남북 20m 범위 안에 약 40기가 등고선과 평행하게 열을 지어 분포하고 있으며, 1314호~1344호까지는 거의 일직선으로 뻗어 있다.

1지구 4군은 봉덕리 산 5-1번지 일원과 일부는 행정구역상 죽림리에 속하는데, 3군에서 동쪽으로 18m 거리에 모두 47기가 분포한다. 고인돌이 대체로 덮개돌의 장축 방향을 따라 등고선과 평행하게 2열로 배치되어 있으나 1439호는 등고선과 직교한다. 4군은 동서로는 폭이 비교적 좁으나 남북으로는 1401호를 기점으로 1445호까지 160m 범위에 걸쳐 넓게 분포한다는 점이 특징이다.

5코스 3(2지구 1군)

2지구 1군은 죽림리 68-1번지 일원이지만, 고창군에 의해 5코스로 분류되어 있다. 아산면 봉덕리와의 경계로부터 30m 떨어져 있는데, 표고 19~39m의 산사면에 41기가 분포되어 있으며, 기존에 마을이 형성된 지역이다. 주된 분포 방향은 동북 60°로, 2116~2128호에 이르는 대형 입체형 덮개돌을 가진 고인돌이 축조되어 있다. 고인돌의 분포 상태는 등고선과 대체로 평행하게, 2열로 배치되어 있다.

2125호의 덮개돌 크기는 468×228×241cm로 가장 크나 절단되어 있고, 받침돌은 2개가 남아 있다. 2106호·2122호·2123호는 지상석곽형이며, 2122호는 4개의 대형 받침돌로 되어 있다. 2118~2120호는 모두 바둑판식으로 3~4m 내외의 대형 입체형 덮개돌로 되어 있는데, 열을 지어 있어 아름다운 정경을 자아낸다.

커다란 덮개돌로 되어 있는 2지구 1군의 2125호(왼쪽)

도산리 고인돌군(6코스)

도산리 고인돌군은 죽림리 고인돌군에서 바로 조망할 수 있으며, 고창 고인돌박물관 옆쪽의 표지판을 따라가면 지동마을에 위치한 다. 언뜻 보기에는 평지로 보이지만 표고 43m의 구릉에 탁자식 1기, 바둑판식 3기, 개석식 1기가 분포하고 있다.

장독대 옆에 위치해 있어 '장독대 고인돌'로 불리는 2443호는 전형 적인 탁자식 고인돌이다. '도산리 고인돌'로 불리는데, 덮개돌의 크기 는 350×310×38cm의 장방형이며, 북서~남동 방향이다. 덮개돌과 받침돌 사이에 너비 15cm와 두께 10cm 정도의 판판한 돌을 보강석 (補强石)으로 사용하였다. 받침돌은 314×164×30cm와 307×168× 26cm 크기의 판석 2매가 남아 있다.

보호대가 설치된 현재의 도산리 고인돌

2010년도 당시의 도산리 고인돌

탁자식 고인돌의 남방 한계선은 경남 거창과 전남 구례·강진을 이은 선으로 알려져 있는데, 도산리에서 확인된 탁자식 고인돌은 고인돌의 형식 분포상 학술적으로 중요한 의미를 가지고 있다.

세계유산 화순 고인돌

화순 고인돌의 개황

화순군의 환경

화순군은 지리적으로 전라남도의 중앙부에 위치하고 있는데, 이는 지형상 나주평야의 동쪽 산지(山地)에 해당하며, 동쪽으로는 곡성군·순천시, 서쪽으로는 나주시, 남쪽으로는 보성군·장흥군, 북쪽으로는 담양군과 광주광역시에 접하고 있다. 화순군은 임야가 74%로 산지가 많은 편이며 연평균 기온은 12.6℃, 연강우량 1,198mm로 기후는 대체로 온난하고 습기가 많은 온대 기후권에 속한다.

화순은 서북쪽으로 흐르는 지석강(지석천)의 능주 방면, 서남쪽으로 흐르는 화순천의 화순 방면, 그리고 동남쪽으로 흐르는 동복천의 남면 방면 등 세 줄기의 강을 따라 독자적인 고유 문화가 형성되었다. 화순의 농경지는 주로 이들 세 하천 연안을 따라 발달했는데, 이 가운데 특히 화순천 연안의 화순읍과 지석강 연안의 도곡면 일대에 비교적 충적대지가 넓게 형성되어 있다. 반면에 이들 세 하천의 주변 지역을 제외한 나머지 지역은 대체로 험준한 산악지형이다. 따라서 당시의 화순에는 이들 산악지역에 많은 야생동물이 서식했을 것이므로 먹거리와 가죽 같은 생활

대곡리에서 다뉴세문경, 세형동검, 팔주령 등 청동기 유물 11점 출토(국립중앙박물관)

에 필요한 물자를 공급받는 데 중요한 역할을 하였을 것이다. 당시 능주면과 화순읍 일대에는 지석강 변을 따라 마을이 형성되었을 것으로 보이며, 남면의 동복천 변에도 마을이 형성되었던 것으로 보인다.

청동기시대의 유물로는 도곡면 대곡리 적석목관묘(積石木棺墓)에서 다뉴세문경·세형동검·팔주령 등 청동기 유물 11점과 남면 절산리에서 발굴된 세형동검편 등의 유물이 출토되었고, 유적으로는 화순군 각지에서 발견된 고인돌과 집터가 있다. 특히 대곡리의 적석목관묘에서 출토된 청동기 유물은 무기류뿐 아니라 의기류(儀器類)도 다수 포함된 것으로 보아 이 지역을 다스리면서 제사와 정치를 주관한 통치자가 있었다는 것을 확인해 주고 있다.

고인돌은 영산강 상류인 지석강 유역에 가장 밀집하여 분포하고 있다. 이는 비옥한 농경지와 교통과 교역의 중심지로서의 지리적 조건에 의해 형성된 커다란 세력 집단이 남긴 유적으로 보인다.

화순군의 고인돌

전라남도 지역에는 대략 2만여 기의 고인돌이 분포하는데, 장흥
군·고흥군에 이어 화순군도 대표적인 고인돌 밀집 지역이다. 화순군에
는 1,900여 기의 고인돌이 분포하는데, 영산강 유역에서는 1,300여 기

화순 고인돌의 지역별 분포 현황

구분 읍면	분포 지도 (2002년)		문화유적 (1999년)		고대 묘제 (1996년)		화순선사 (1985년)		원분포수 (종합)	
	군집수	분포수	군집수	분포수	군집수	분포수	군집수	분포수	군집수	분포수
화순읍	19	150	9	99	13	111	8	88	21	159
한천면	5	40	6	54	7	45	4	39	10	66
춘양면	9	334	8	87	7	100			10	337(148)
청풍면	1	12	3	23	1	5	1	5	3	23
이양면	5	43	5	57	6	32	6	28	5	57
능주면	8	29	4	10	12	89	3	45	14	90
도곡면	23	377	12	56	25	230	8	31	28	475(158)
도암면	12	92	13	79	18	91	11	51	19	140
이서면	1	5	10	112	11	110	10	100	12	123
북 면	6	45	12	88	12	88	7	61	15	101
동복면	9	75	4	58	4	58	7	55	10	97
남 면	12	110	21	183	21	83	9	105	27	225
동 면	9	25	9	47	9	47	5	24	9	41
계	119	1,337	145	1,191	146	1,089	79	632	183	1,934(306)

* 참고자료

　화순군·전남대학교박물관, 「문화유적 분포 지도―전남 화순군」, 2002

　조선대박물관, 「화순군의 문화유적」, 1999

　전라남도·목포대학교박물관, 「전남의 고대 묘제」, 1996

　화순군, 「화순군 문화유적 지표 조사 보고」, 1985

* (　) 안은 세계유산 고인돌로 지정된 숫자

가 조사되었고, 보성강 유역에서는 대략 600여 기가 분포한다. 이는 영산강과 섬진강 상류의 평야지대를 중심으로 형성되었음을 알 수 있다.

세계유산 화순 고인돌 외에 도암면 대초리·운월리, 이서면 월산리·장학리·창랑리, 남면 절산리·사수리·복교리 등에서도 많은 고인돌들이 조사 확인되었으며, 다른 지역에서도 추가 발견되고 있다. 화순군의 고인돌 분포 현황은 앞의 표와 같다.

화순군의 고인돌 조사

세계유산 화순 고인돌은 1995년 12월 능주목 학술조사 과정에서 목포대 이영문 교수에 의해 처음 보고된 후, 1998년에 국가사적 지정을 신청하였고, 9월 18일 사적 제410호로 '화순 효산리 및 대신리 지석묘군'으로 명명되었다.

세계유산 지정과 신청 과정에서 분포 상황만 알려졌던 화순 효산리·대신리 고인돌군에 대한 정밀 조사가 요구되어 1998년 9월부터 1999년 4월까지 조사가 이루어졌다. 그 결과 도곡면 효산리와 춘양면 대신리를 잇는 보검재 계곡 일대의 협소한 지역 내에 300여 기의 고인돌이 매우 조밀하게 분포한다는 사실이 밝혀졌다. 화순 고인돌은 형식에 있어서 여러 개의 판석을 이용해 지상에 노출되게 짜맞춘 (변형)탁자식·바둑판식·개석식 고인돌 등 다양한 형태의 고인돌이 공존하고 있음을 확인하였다.

1999년에는 춘양면 대신리 지동마을 고인돌 35기가 목포대박물관에 의해 발굴 조사되었다. 그 결과 노출된 하부 구조들이 전체적으로 계획된 묘역을 형성하고, 바둑판식 고인돌과 받침돌이 여러 개인 위석식 무덤방 등 다양한 구조의 무덤방이 확인되었다. 그리고 가락바퀴와 갈돌·갈판·돌화살촉 등 실생활에 필요한 유물이 주로 출토되었다. 춘A 27호 고인돌에서 수습된 목탄을 방사성탄소연대측정을 한 결과 기원전 555년(보정 연대 기원전 720~390년)으로 나타나 지동마을 고인돌은 대체로 기원전 6세기경에 조성된 것으로 밝혀졌다. 그 후 2005년에 도곡면 효산리 64번지, 111번지 일원과 2006년에 대신리 지동마을을 중심으로 〈동북아지석묘연구소〉에 의해 조사가 이루어졌다. 2007년에는 화순군이 지동마을 고인돌 발굴 지점에 자연 채광 방식의 발굴지 보호각을 설치하였다. 화순 고인돌에 대한 조사는 다음 표와 같다.

화순 고인돌의 조사

연도	조사기관 및 연구자	보고서 및 논문명	비고
1985	이영문(전남대박물관)	화순군 문화유적 지표 조사 보고	
1998	이영문(목포대박물관)	능주목의 역사와 문화	
1999	박춘규(조선대박물관)	화순군의 문화유적	
1999	이영문·김승근(목포대박물관)	화순 지석묘군	
2002	전남대박물관	화순군 문화유적 분포 지도	
2002	목포대박물관	화순 대신리 지석묘	지동마을 고인돌
2004	이영문(동북아지석묘연구소)	세계유산 화순 고인돌	
2005	목포대박물관(이영문 외)	화순 효산리 대신리 지석묘군 (1차)	
2006	동북아지석묘연구소	화순 효산리 대신리 지석묘군 (2, 3차)	

목탄이 수습된 춘A 27호(오른쪽 위)

자연 채광식 발굴지 보호각이 설치된 지동마을 고인돌의 내부 전경

세계유산 화순 고인돌의 분포

화순 고인돌군은 영산강의 3대 지류인 지석강 유역을 따라 분포하고 있다. 지석강은 대초천, 화순천, 지석천 등 3대 지류가 모여 서북쪽으로 흐르다가 나주 남평에서 영산강으로 유입한다. 특히 능주 지역은 내륙 분지형으로, 화순천이 지석강과 합류하여 충적지대를 이루고 있는 곳이다. 따라서 능주 지역은 비옥한 농경지대를 형성하고 있을 뿐만 아니라 교통의 중심지 역할을 하고 있다. 능주 지역은 선사시대부터 자연스럽게 이러한 자연환경과 지리적 배경을 바탕으로 일찍부터 선사문화가 꽃필 수 있는 조건이 갖춰진 곳이라고 할 수 있다.

춘양면 대신리와 도곡면 효산리에 널리 분포하는 암석은 용암(溶岩)으로 구성되어 있으며, 세분된 지질학명으로는 화성암인 유문암질 응회암이다. 화순 고인돌을 구성하고 있는 석재는 용암이며, 절리가 많이 나 있다. 이곳에 집단적으로 고인돌이 분포하고 있는 이유는 판상절리(板狀節理)의 구조가 잘 발달되어 있는 용암이기에 석재를 떼어 내기 편리했던 것이 하나의 배경이 되고 있다.

화순 고인돌은 지석강 주변에 형성된 넓은 평지의 남쪽 산기슭을 따라 연이어 분포하고 있는데, 이 고인돌군은 도곡면 효산리와 춘양면 대신리에 이르는 4.5km 일대에 걸쳐 나타난다. 현재의 도로는 전통적인 소로(小路)였으나 1990년대 후반에 산불이 나면서 임도(林道)를 개설하였고, 이후 현재의 넓은 길이 완성되었다. 화순 고인돌 주변의 문화재 지정 구역은 2,474,562㎡이고, 2011년 '화순 효산리와 대신리 지석묘군'으로 명명되었다.

지동마을과 모산마을의 고인돌은 보검재를 중심으로 동쪽이 지동마을, 서쪽이 모산마을이다. 현재는 화순군 도곡면과 춘양면의 경계 지역으로, 보검재에서 지동마을을 따라 흘러내리는 계곡(보성골)이 형성되어 있다. 고인돌의 분포는 마을 앞 평지와 마을 안에도 있지만 대부분은 산기슭을 따라 군집되어 있다. 기존에 교통로로 이용되었던 작은 도로는 산림화재 진압 도로 개설과 여흥 민씨의 묘역으로 가는 진입로 개설로 자동차가 지날 수 있는 넓은 도로(비포장)로 확장되었다.

　춘양면 대신리 고인돌은 해발 65~125m 사이에 있으며, 도곡면 효산리 고인돌도 45~90m 사이에 주로 분포한다. 대신지구는 좁은 계곡의 산등성이에 고인돌이 빼곡하게 차 있는 것처럼 보이고, 효산지구는 널찍한 산등성이에 크고 작은 고인돌이 제법 열을 지어 분포하고 있어 지역적 차이를 보여 준다.

　1999년의 『화순 지석묘군(和順 支石墓群)』 보고서에서 세계유산 화순 고인돌은 하부가 매몰되어 있거나 도괴된 것 중 고인돌 덮개돌로 볼 수도 있는 추정 고인돌을 포함하여 596기를 확인하였다. 그러나 대신리 지동마을(A군) 고인돌은 그 당시 21기였으나, 2000년 발굴 결과 19기가 추가되어 40기로 늘어나면서 이곳의 고인돌은 총 615기로 밝혀졌다. 추정 고인돌을 제외하면 대신지구에 148기, 효산지구에 158기 등 총 306기의 고인돌이 있는 셈이다.

　2008년 문화재청 모니터링 보고서에는 306기의 고인돌과 309기의 추정 고인돌을 포함하여 총 615기로 집계되었는데, 1999년 목포대박물관의 『화순 지석묘군』 보고서를 기준으로 조사 구역을 나누어 분포 현황을 보면 다음 표와 같다.

세계유산 화순 고인돌 현황

효산지구				대신지구		
	계	고인돌	추정 고인돌		계	고인돌	추정 고인돌
A군	8	8	—	A군	40	40	—
B군	24	7	17	B군	25	14	11
C군	15	5	10	C군	140	39	101
D군	46	20	26	D군	36	19	17
E군	64	44	20	E군	45	29	16
F군	80	52	28	F군	52	7	45
G군	40	22	18				
계	277	158	119	계	338	148	190
계 고인돌 306				계 추정 고인돌 309		총계 615	
계	277	158	119	계	338	148	190
계 고인돌 306				계 추정 고인돌 309		총계 615	

* 문화재청 모니터 보고서, 2008

　한편 채석장 추정지로는 효산지구에 7개소(F군은 2개소), 대신리 1개소(C군) 등 8개소가 있다.

　고인돌군의 명칭은 1999년의 목포대박물관의 『화순 지석묘군』 보고서와 2005년과 2006년의 목포대박물관과 〈동북아지석묘연구소〉의 발굴 보고서를 주로 활용하였는데, 그 현황은 다음 표와 같다.

　고인돌의 고유 번호는 여러 번 바뀌었지만 1999년의 목포대박물관 보고서를 따랐다. 효산지구 쪽은 도곡면으로 '도'가, 대신지구 쪽은 춘양면으로 '춘'이 고인돌 번호에 붙여졌다.

화순 고인돌군의 명칭별 현황

효산지구		대신지구	
명 칭	군	명 칭	군
모산마을 고인돌군	A군	지동마을 고인돌군	A군
논둑 고인돌군	B군	지동마을 고인돌군	B군
괴바위 고인돌군	C군	감태바위 고인돌군	C군
관청바위 고인돌군	F군	마당바위 고인돌군	E군
달바위 고인돌군	G군	평매바위 고인돌군	F군

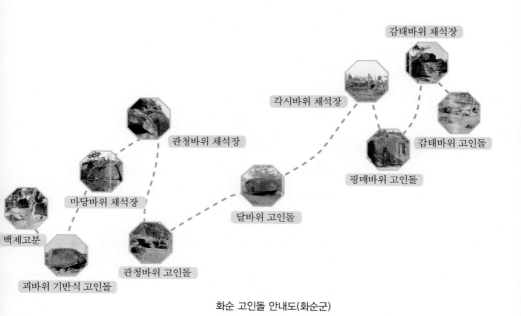

화순 고인돌 안내도(화순군)

세계유산 화순 고인돌의 특징

화순 고인돌은 『화순 지석묘군』(1999), 『화순 대신리 지석묘』 (2002), 『세계문화유산 화순 고인돌』(2004)을 토대로 특징적 성격을 살펴보면 다음과 같다.

첫째, 핑매바위 고인돌(춘F 7호)은 상석의 길이가 730cm로 가장 크다. 마당바위 고인돌(춘E 6)은 650cm, 도F 43호는 600cm로, 화순에는 6m 이상 대형 고인돌이 다수 분포하고 있다.

둘째, 바둑판식·개석식·탁자식 등 다양한 형태의 고인돌이 한곳에 모여 있다. 특히, 화순에서는 탁자식에서 개석식으로 변해가는 것으로 추정되는 고인돌이 보이기도 한다.

셋째, 고인돌의 덮개돌을 떼어 낸 채석장이 여러 곳에서 발견되고 있어 화순 고인돌의 축조 과정을 잘 보여 주고 있다.

넷째, 비교적 평탄하지 않은 계곡 사이의 산기슭을 따라 군집별로 입지하고 있어 보존 상태가 비교적 양호하다.

다섯째, 고인돌의 무덤방에 부장된 유물 등으로 축조 연대가 확인되었다는 점이다. 대신리 고인돌의 무덤방과 주변에서 다량의 석기류·토기류가 출토되었고, 무덤방에서 수습된 목탄의 방사성탄소연대는 2500±80 B.P.로 측정되었다. 따라서 화순 대신리 고인돌은 출토된 유물과 방사성탄소연대를 토대로 기원전 10~6세기경에 축조된 것으로 밝혀졌다.

여섯째, 묘역 시설을 갖춘 고인돌이 발견되었다는 점이다. 관청바위 고인돌군 주변에는 납작한 돌을 타원형으로 깔아 묘역 시설을 조성하였다.

세계유산 화순 고인돌의 조망

화순 고인돌의 조망은 1999년 목포대박물관의 보고서와 2004년 〈동북아지석묘연구소〉의 『세계문화유산 화순 고인돌』(이영문 저) 등을 참고하였고, 추정 고인돌을 제외한 306기를 정리하였다.

대신지구

대신지구 고인돌은 보검재에서 지동마을로 뻗어 있는 해발 70~120m인 산 구릉의 1km 범위에 걸쳐 분포하고 있다. 대신지구는 6개의 군집에 걸쳐 148기의 고인돌이 분포하는데, A군과 B군은 지동마을과 주변 농경지 등에 분포하며, C군에서 F군은 조봉산 아래의 계곡에 분포한다.

지동마을 고인돌군(대신지구 A~B군)

지동마을에는 A군과 B군 고인돌이 있다. 지동마을 앞에는 큰 연못이 있어 '못골'이라 불렸는데, 한자로 '지동(池洞)'이라 명명되었다. 동쪽으로는 약간의 들이 형성되어 있고, 지동 뒤편에 위치한 산의 남쪽 방향으로 마을이 형성되어 있어 예로부터 사람이 살기 좋은 곳이었을 것이다. 지동마을은 예전의 능주면에서 가장 먼저 형성된 촌락으로 알려져 있으며, 이곳에 고인돌이 집중 분포한다.

A군의 고인돌은 1999년의『화순 지석묘군』보고서에는 21기로 기록 되어 있으나 2000년의 발굴 조사 결과 35기로 늘어났다(관리 번호는 춘A 발굴 1호~발굴 35호). 여기에 2002년의 추가 발굴 조사에 포함되지 않았 던 5기(춘A 1, 춘A 18~춘A 21호)를 합치면 모두 40기가 된다. 이들 40기 중 괸돌바위로 불리는 춘A 1호는 마을 입구 도로변에 위치해 있으며, 덮개돌의 크기는 350×160×30cm인데, 2개의 받침돌이 괴고 있다. 하 부 구조는 적석(積石)으로 조성되어 있는데, 이 고인돌은 마을의 마을의 이정표 역할을 했다고 한다. 예전에는 이곳에 주막이 있었다고 한다. 나머지 39기 중 8기(춘A 발굴 1호, 발굴 2호, 발굴 10호, 발굴 11호 등)는 보 호각 앞에 복원되어 있고, 4기(춘A 18~21호)는 마을회관 뒤쪽에 춘A 21 호를 중심으로 배치되어 있으며, 14기는 보호각 안에 하부 구조가 노출 된 채 전시되어 있다. 나머지 고인돌은 야외에 전시되어 있다. 보호각 은 2008년에 발굴된 고인돌의 보호 및 탐방객의 편의를 제공하기 위하 여 설치되었는데, 이곳에서 무덤방의 다양한 구조를 엿볼 수 있다.

대신리 269-1번지 일대에서 발굴된 고인돌의 하부 구조를 보면,

지동마을 입구의 괸돌바위 춘A 1호

보호각 앞의 고인돌

전체적으로 이곳 고인돌의 묘역(墓域)은 계획적으로 조성된 것으로 보인다. 남쪽 묘역은 4개의 받침돌이 받치고 있는 바둑판식 고인돌과 여러 개의 받침돌로 묘실을 조성한 위석형(圍石形) 무덤방이 나타나고, 북쪽 묘역에는 부석을 깔고 돌로 쌓아서 만든 석곽형, 얇은 판석을 짜서 맞춘 석관형, 그리고 묘역 중앙에는 바둑판식 고인돌 등 다양한 구조들이 조사되었다.

『화순 대신리 지석묘』(2002)에서는 대신리 고인돌 하부 구조의 무덤방을 3가지로 분류하고 있다. 첫째는 받침돌과 그 사이를 할석으로 보강했으며 매장 주체부가 지상에 위치한 위석형 무덤방(10·11호 등), 둘째는 할석과 자연석을 이용하여 묘실을 축조한 석곽형 무덤방(25·30·31호 등), 셋째는 판석을 세워 묘실을 만든 석관형 무덤방(27·29호 등) 등 이다. 무덤방의 배치는 계곡 방향을 따라 대체로 4열을 이루고 있다. 대신리 고인돌 가운데 2호와 23호는 바둑판식 고인돌로 남쪽 묘역과 북쪽 묘역의 중심부에 자리하고 있는데, 이들 고인돌이 지동 A군 고인돌의 상징적인 기념물 역할을 하는 것으로 보인다.

가락바퀴가 나온 춘A 29호

담장으로 사용된 춘B 1호

한편 출토 유물에 있어 석기류는 간돌칼 조각 1점(28호)·화살촉 12점(2호 외)·가락바퀴 2점(25·29호)·턱자귀 1점(有段石斧, 20호)·갈돌과 갈판 2점(碾石, 22·27호)·석봉 1점(石棒, 22호) 등이 수습되었고, 토기는 18호에서 민무늬토기 조각과 붉은간토기 조각이 출토되었다. 이러한 유물은 당시 지석강 변의 충적지대에서 농경이 활발하게 진행되었음을 보여 준다. 또한 석재 가락바퀴는 청동기시대의 방적 기술을 살펴볼 수 있어 주목된다.

대신리 345번지 일원의 지동마을 내에 있는 지동마을 B군 고인돌에서는 모두 14기의 고인돌이 조사되었다. B군 고인돌은 표고 70~80m의 산기슭과 민가를 따라 북동─남서 방향으로 길게 산재한다. 이 가운데 마을 입구의 고인돌은 민가의 담장(춘B 1호, 춘B 7호)이나 장독대 등으로 이용되기도 한다.

감태바위 고인돌군(대신지구 C군)

대신리 산145번지와 산169번지 일원에 분포하고 있으며, 화순 고인돌 중 가장 많이 알려진 곳으로 근처에 감태바위 채석장이 있다. '감태바위'란 바위가 갓을 쓴 사람의 모습이라고 해서 붙여진 것인데, 감태바위 고인돌군과 감태바위 채석장은 잘 조화를 이루고 있어 아름다운 풍광을 유지하고 있는 대표적인 고인돌 군락지이다. 세계유산 화순 고인돌의 특징 중 "탁자식 고인돌과 바둑판식 고인돌, 개석식 고인돌 등 다양한 형태의 고인돌이 한곳에 모여 있으며, 거대한 채석장을 한곳에서 볼 수 있는 '채석─축조' 등 고인돌의 산 교육장이 되고 있다."라고 언급되는 것은 바로 감태바위 고인돌군과 채석장 때문이라 할 수 있다.

감태바위 고인돌군

감태바위 채석장

이곳의 고인돌 중 덮개돌의 크기가 400cm 이상인 것은 4개의 받침돌이 받치고 있는 바둑판식 고인돌이다. 예를 들어, C군 고인돌 가운데 가장 큰 것은 춘C 31호로 덮개돌의 크기가 450×290×110cm이며, 덮개돌 하부에 30~80cm 크기의 받침돌 4개가 덮개돌을 받치고 있다. 춘C 24호는 덮개돌 크기가 450×310×70cm이고, 무덤방은 길이 140cm, 폭 50cm, 두께가 40cm인 지상석실형 고인돌이다. 춘C 28호도 지상석실형 고인돌로 덮개돌이 없으며, 노출된 무덤방은 판석 5매로 짠 것으로 크기는 140×50×40cm이다. 동쪽 벽만 2매가 남아 있고 나머지는 1매가 남아 있으며, 2013년에 복원되었다.

채석장은 감태바위 고인돌이 분포한 북쪽 상단의 산등성에 위치하고 있는데, 이 채석장의 암벽은 길이 6m, 높이 2.5m 정도며, 암벽에는 60cm 내외로 결이 나 있고 채석흔도 볼 수 있다. 재질은 화산암 계통의 응회암으로, 고인돌과 같다. 채석장 암벽 밑의 공간에서는 채석과 관련된 제의(祭儀)나 신앙 행위가 거행되었던 것으로 보기도 한다. 이 암벽 위에는 괴석형 덮개돌이 채석한 상태로 놓여 있고, 암벽 옆에 바위가 비스듬히 걸쳐 있는 것은 덮개돌로 사용하려고 옮기려다 만 것으로 보인다. 고인돌군 남쪽 사면에도 덮개돌로 보이는 것들이 많이 있으나 하부 시설이 발견되지 않아 덮개돌로 이용하기 위해 이동 중인 석재들로 추정된다.

2013년 7월에는 〈동북아지석묘연구소〉의 발굴 조사에서 춘C 23호 고인돌 덮개돌 밑에서 133×46×40cm 크기의 무덤방이 확인되었으며, 무덤방 안에서 마제석검이 발견되었다. 한편 채석장 바로 위에서는 통일신라시대 토기와 조선시대의 분청사기·상평통보 등이 출

C군 중 가장 큰 바둑판식 고인돌 춘C 31호

대형 탁자식 고인돌 춘C 24호

여러 형식의 고인돌이
한곳에 모여 있는 감태바위 고인돌군

최근 재발굴 조사된 고인돌

토되었고, 아래쪽에서는 구연부에 삼각무늬와 점열무늬가 새겨져 있
는 전기 청동기시대(기원전 13~10세기)의 토기들이 출토되었다.

대신지구 D군 고인돌군

대신리 산 169-5, 706번지 일원에 있는 D군은 산의 완만한 구릉지
경사면을 개간한 농경지에 위치하며, 도로 아래에도 고인돌이 있다.
D군에는 석재 386기가 조사되었고, 이 가운데 38기는 고인돌의 덮개

돌로 판단되며, 확실하게 고인돌로 판별된 것은 춘D 1~19호까지이다. 이 중 춘D 4호는 180×130×100cm의 소형 덮개돌 아래에 길이 40cm 크기의 장방형 받침돌이 보이며, 춘D 5호는 180×130×50cm의 덮개돌을 괴석형 받침돌 2개가 받치고 있다.

마당바위 고인돌군(대신지구 E군)

대신리 701, 1256번지 일원의 E군은 춘E 14호를 제외하고는 28기가 도로 아래쪽에 위치하고 있다. 이곳의 지형은 해발 90~105m의 급경사 지형을 형성하고 있는데, 고인돌은 대체로 해발 90~95m의 계곡 아랫쪽에 분포한다. 고인돌은 북서－남동향으로 골짜기의 등고선 방향과 평행하며, 대개 3열로 배치되어 있다. 맨 앞에 자리하고 있는 고인돌은 춘E 6호의 바둑판식으로 덮개돌의 크기는 650×440

마당바위 고인돌군과 감태바위 고인돌군

×110cm이며, 110cm 크기의 받침돌 3개가 덮개돌을 받치고 있다.

춘E 12호의 덮개돌 크기는 340×200×70cm이다. 하부에 받침돌 1개가 남아 있는 지상석실형 무덤방으로 보이며, 탁자식에서 개석식으로 변해 가는 단계의 고인돌로 보기도 한다. 춘E 8호는 220×170×40cm의 장방형 덮개돌과 장방형 받침돌 3개로 되어 있으며, 민무늬 토기 조각이 출토되었다.

평매바위 고인돌군(대신지구 F군)

'평매'라는 용어는 '돌팔매질'을 말한다. 평매바위 고인돌 위에는 구멍(여성 생식기 모양)이 파여 있는데, 나무꾼들이 지나가다가 돌을 던져 구멍에 들어가면 아들을 낳는다는 말이 전해지고 있다.

핑매바위 고인돌과 각시바위 채석장

핑매바위 고인돌의
하부 구조

춘F 7호 핑매바위 고인돌의 덮개돌 크기는 730×500×400cm이며, 덮개돌의 아래에 서쪽과 남쪽을 돌아가며 모두 7개의 받침돌이 노출되어 있다. 무게는 무려 200톤에 달하는 거대한 고인돌이다. 2000년과 2003년 발굴 조사 결과, 덮개돌의 아랫면을 오목하게 인위적으로 깎고 경사진 아래쪽으로 받침돌 3개를 촘촘히 배치하여 덮개돌을 지탱하도록 한 것이 확인되었다. 팽매바위 고인돌은 받침돌을 놓고 거대한 덮개돌을 올려놓은 것으로 보아 자연 암반이 아니라 계획적이고 인위적으로 축조된 바둑판식 고인돌이다.

핑매바위 고인돌은 주변의 다른 고인돌보다 약간 높은 대지상에 위치하면서 규모가 매우 크고 치석(돌 다듬기) 상태가 아주 양호한 점에서 족장의 정치적 영역과 권위의 표상을 나타내는 역할을 한 것으로 보인다.

춘F 5호는 210×80×70cm의 덮개돌과 2매의 괴석형 받침돌로 이루어져 있으며, 춘F 6호도 받침돌 1개로 이루어져 있다.

핑매바위 고인돌 위쪽의 해발 150m 지점에 거대한 바위가 있는데, 이곳에는 고인돌의 덮개돌과 비슷한 큰 암석들이 산재한 곳으로 '각시바위 채석장'으로 불리며, 마고할미가 등장하는 '핑매바위 전설'이 전해지고 있다. 핑매바위 고인돌(춘F 7호)의 덮개돌 전면에 양각된 글씨는 이 곳이 여흥 민씨의 선산임을 표시하고 있다.

효산지구

효산지구 고인돌은 모산마을에서 시작된다. '모산'이란, '띠메'라는 산에 띠풀이 많아 붙여진 이름으로, 한자로 쓴 것이 '모산(矛山)'이다.

동쪽으로 곤지산(221m), 남쪽으로 성곡저수지, 북쪽으로 수박등산이 위치하고 있다. 고인돌은 모산마을에서 해발 45~90cm의 능선 사이에 분포하며, 7개 군집에 158기가 분포하고 있다.

모산마을 고인돌군(효산지구 A군)

마을 남쪽 모정(모산마을 정자)과 당산나무 근처에 7기가 자리하고 있는데, 모산마을 입구 모정 옆에 도A 1~도A 7호의 고인돌이 한 곳에 모여 있다. 이 중 도A 5호는 덮개돌의 크기가 400×330×70cm로 규모가 가장 크며, 형식은 바둑판식 고인돌이다.

논둑 고인돌군(효산지구 B군)

효산리 산 72−1, 67번지 일원에 분포하는데, A군과는 제법 떨어진 거리에 7기가 완만한 능선상에 분포하고 있다. 이 가운데 논둑에 2기, 논 옆의 소로에 2기, 표고 75m 지점의 구릉사면에 3기 등 모두 7기의 고인돌이 분포한다.

논둑 고인돌 중 도B 2호는 장방형의 받침돌이 받쳐진 바둑판식 고인돌로, 2003년 발굴 조사 때 논둑에 걸친 고인돌의 남쪽에서 타날문토기(打捺文土器 : 눌러 찍은 무늬토기)와 경질토기편이 발견되어 사람들이 거주하면서 영농생활을 했음을 알 수 있다. 도B 1호와 2호 고인돌은 발굴 조사 후(2005) 현재의 지형에 복원하여 보존 상태가 양호한 편이다.

괴바위 고인돌군(효산지구 C군)

C군은 효산리 산 74번지 일원으로 B군의 계곡 건너편에 위치한다.

모산마을 고인돌군

논둑 고인돌군

괴바위 고인돌 도C 2호

괴바위 고인돌 도C 2호의 받침돌

귀갑형 덮개돌로 되어 있는 도C 4호의 채석흔

C군은 화순 고인돌 군집 중 가장 적은 5기가 분포하고 있다. 이곳의 고인돌은 일명 '괴바위', '고양이바위'로 불리는데 '괴'는 '고양이'란 뜻이며, 지형적으로 고양이 자리에 위치하고 있어서 붙여진 이름이다.

평지를 바라보는 구릉에 우뚝 서 있는 괴바위 고인돌인 도C 2호는 530×360×300cm 크기의 장방형 덮개돌과 10여 개의 받침돌로 구성된 바둑판식 고인돌이다. 주변의 고인돌에 비해 규모가 크고 잘 다듬어져 있으며 약간 높은 대지상에 조성된 것으로 보아 제단의 기능도 겸했을 것으로 보인다. 지표 조사 시에는 4개의 받침돌만 발견되었으나 2005년 조사에서 10개의 받침돌이 받치고 있다. 특히 묘역을 이룬 구획석(4매)을 장타원형으로 조성하고 덮개돌 아래 중앙에 가장 넓은 받침돌을 하나 더 괸 점이 특징이다. 고인돌 주변에서 민무늬토기와 화살촉이 출토되었다.

이곳 고인돌들은 도C 2호와 같이 등고선과 평행하게 분포한다. 도C 3호에는 덮개돌 측면에 채석 구멍으로 보이는 홈들이 일렬로 뚫려 있고, 도C 4호의 덮개돌은 거북등의 귀갑형(龜甲形)으로 채석흔이 표면에 뚜렷이 남아 있다. 도C 5호는 해발 75m의 민묘 주변에 위치한다. 괴바위 고인돌군 위쪽에는 마당바위 채석장이 자리 잡고 있다.

효산지구 D군 고인돌군

효산리 산 72-1번지 일원의 D군에는 고인돌 20기가 해발 60~70m와 도로 아래에 밀집 분포하고 있다. 이외에도 주변에 고인돌 덮개돌로 추정되는 석재 30여 기가 흩어져 있는데, 이는 경작지 조성 과정에서 훼손된 고인돌 유구의 잔재로 보인다.

고인돌에 받침돌이 있는 것은 도D 11호와 도D 18호로, 도D 18호의 덮개돌은 크기가 320×230×110cm이고, 도D 11호의 덮개돌은 크기가 100×40×40cm이다. 이들 두 고인돌은 덮개돌 아래에 받침돌이 확인되고 있어 바둑판식 고인돌에 속한다. 뒤쪽 만지산에는 성인 100명이 앉을 수 있는 마당바위 채석장이 위치하고 있는데, F군의 관청바위 채석장과 가까운 거리이다.

효산지구 E군 고인돌군

효산리 산 85-1, 87-1번지 일원에 총 44기의 고인돌이 산릉선과 도로 아래쪽에 동서 방향으로 분포하고 있다. 도E 41~44호는 매몰되어 있어 잘 보이지 않으나 소형 바둑판식 고인돌이 주류를 이루고 있다. 도E 42호는 E군에서 가장 높은 곳에 위치하는데 괴석형 덮개돌이며, 도E 39호는 310×170×70cm의 평면 장타원형의 덮개돌과 괴석형 받침돌 2개로 이루어져 있다.

관청바위 고인돌군(효산지구 F군)

효산리 산 81번지 일원으로 산 위와 도로 아래에 소재하는데, 밀집도에 있어 효산지구에서 가장 대표적인 고인돌군이다. 이곳은 화순 고인돌 중에서 가장 많은 52기의 고인돌이 조사되었는데 관청바위 고인돌을 중심으로 대형 고인돌이 주위에 분포해 있다. 산 위에는 관청바위 채석장이 있다. 옛날의 보성 사또가 이곳에서 쉬면서 관청 일을 보았다 하여 '관청바위'란 이름이 붙여졌다고 한다.

2003년 시굴 조사 결과, 해발 85m에 대형 고인돌 4기(도F 41·43·

열을 지어 있는 관청바위 고인돌군, 맨 앞의 도F 43호가 가장 크다.

건지산 위에 있는 관청바위 채석장

48·49호)가 대체로 일렬로 배치되어 있었다. 이 중 가장 규모가 큰 고인돌은 도F 43호로 600×420×130cm의 덮개돌과 덮개돌을 받치고 있는 받침돌, 그리고 남쪽에서 돌을 구획하여 깐 구획석(50×100cm 규모)이 확인되었다.

도F 41호는 430×340×160cm 크기의 덮개돌과 함께 남쪽과 북쪽에 각각 2개씩 모두 4개의 받침돌이 있다. 4개의 받침돌 중 남쪽 왼쪽의 것은 장방형으로 잘 다듬어져 있다. 도F 48호는 덮개돌의 크기가 500×350×130cm로 대형이며, 묘역 시설이 있다. 도F 52호는 530×440×360cm 크기의 덮개돌을 이용하여 축조한 대형 고인돌로 대형 덮개돌 밑에 받침돌을 돌려서 배치하고 대지를 평탄하게 조성한 점이 특징이라 할 수 있다.

관청바위 고인돌군의 뒷산인 건지산에 있는 관청바위 채석장은 대단위 채석장으로, 이곳에서는 도곡평야의 풍광이 한눈에 내려다보인다.

달바위 고인돌군(효산지구 G군)

G군은 효산리 산 79번지 일원으로 월곡저수지를 지나 도로 아래에 40기가 조성되어 있다. 달바위고인돌은 사람들이 보검재를 지나갈 때(현재보다 아래에 옛길이 있었음.) 산릉선에 있는 고인돌이 보름달처럼 큰 바위로 보여 '달바위고인돌'이란 이름이 붙여졌다. 가장 큰 달바위 고인돌(도G 1호)이 맨 앞에 서 있고, 작은 고인돌들이 그 옆에 산비탈을 가로질러 열을 지은 듯이 세워져 있다.

도G 1호는 556×369×198cm 크기의 타원형 덮개돌과 6개의 받침

달바위 고인돌군

전형적인 바둑판식 고인돌로 혈연집단의 묘역을 상징하는 기념물로 보이는
달바위 고인돌 도G 1호

달바위 고인돌군 근처에 있는 달바위 채석장

돌로 구성되어 있는 전형적인 바둑판식 고인돌로 혈연집단의 묘역을 상징하는 기념물로 보이며, 옆쪽에 일렬로 늘어선 고인돌(G 3호~8호)은 동일 혈연집단의 무덤으로 추정된다. 도G 22호는 125×110×30cm의 소형 고인돌로 제일 아래쪽에 위치한다.

G군에서는 40기의 고인돌 중 6기가 받침돌이 있으며, 달바위 고인돌이 위치한 산에는 달바위 채석장이 있다.

세계유산 강화 고인돌

강화 고인돌의 개황

강화군의 환경

강화는 지리상 한반도의 중앙부 서단(西端)에 위치하고 있으며, 지역상으로는 수도 서울을 기점으로 서북쪽의 북한과 접하고, 한강·예성강·임진강 등 3개의 큰 강이 합쳐지는 경기만의 하구에 위치한 도서 지역이다. 농경지가 41%, 임야가 44%로 비슷하며, 연평균 기온은 11.2℃, 연간 강우량 1,337mm, 기후는 해양성 기후로 같은 위도상의 내륙 지방보다도 따뜻한 편이다. 따라서 온화하여 기온차가 적고 강

강화의 중심 강화읍

우량이 많아 강화도는 일찍부터 농경이 발달하였으며, 4면이 바다와 갯벌로 둘러싸여 해산물도 풍부하다.

강화도는 지질구조상 대부분 경기지괴(京畿地塊)에 속해 있는데, 선캄브리아기의 변성암류가 기반암을 형성하고 있다. 강화의 지질은 약 80%가 경기편마암 복합체 중에서도 화강암질 편마암(화강편마암)으로 형성되어 있는데, 이는 주로 흑운모편마암과 석영편마암, 장석편마암으로 분류된다. 이에 따라 강화 고인돌의 재질은 대부분 화강편마암과 흑운모편마암으로 구성되어 있다.

'강화(江華)'라는 이름은 '강 아래 아름다운 고을'이라는 의미에서 불렸지만, 정작 강화도에는 큰 강이 없다. 그러나 50개의 소하천이 흐른다. 내가천은 서해로 흘러가고, 동락천은 강화해협으로 유입되며, 부근리 고인돌과 관련된 오류천과 금곡천은 한강 하구로 유입된다.

강화의 산지는 백두대간의 일맥이 뻗어 만든 형국으로서 고려산과 마니산 등 곳곳에 솟아 있는 6대산 중심의 산계가 서로 어우러진 계곡에서 흘러나온 하천 유역에 넓은 해안평야가 펼쳐지고 있다. 이들 평야는 대부분 인공평야로, 주민들의 개척정신을 잘 보여 주고 있다.

강화에는 별립산·고려산·혈구산·진강산·길상산·마니산 등 300~600m의 산지들이 도서 모양으로 발달하였으며, 이들 산지 사이에는 넓은 평지가 형성되어 있다. 그런데 이곳은 원래 바닷물이 흘러들었던 해안지대였으나 고려시대 이래 지속적인 간척사업으로 조성된 평야이다. 따라서 강화의 옛 해안선을 복원해 보면 대부분의 고인돌은 바다와 접해 있음을 알 수 있다.

간척 전후 강화 고인돌의 분포.
대부분의 고인돌이 바다와 접해 있다. (강화역사박물관)

강화군의 고인돌

강화도는 지리적으로 한반도의 중심부에 위치하면서도 지역적으로 육지와 분리된 채 일정한 범위 내에 고립되어 있어 고인돌의 분포 형식과 지세 관계를 고찰하는 데 좋은 조건을 갖추고 있다.

구조상으로나 생활상으로 어려움이 많은 도서임에도 불구하고 강화도에 150여 기에 달하는 고인돌이 분포하고 있다는 것은 선사시대에 강화도에 살던 집단의 세력이 역동적이고 상당한 경제력을 갖춘 공동체였으며, 우리가 생각해왔던 사회조직보다 훨씬 큰 조직이 존재하였다는 것을 보여 준다.

강화 고인돌의 연대를 삼거리 유적의 장방형 주거지에서 발굴된 팽이형 토기(각형토기)를 토대로 적어도 기원전 10~3세기경으로 설정하기도 한다. 청동기시대의 유물로는 돌화살촉·돌도끼·가락바퀴·달도끼·돌창·마제석검·갈판·돌자귀 등의 돌연모와 붉은간토기 조각, 팽이형 토기 조각 등이 고인돌에서 발굴된 바 있다. 주거지는 하점면 삼거리 소동부락 송해면에서 발굴되었다.

오상리 고인돌에서는 강화에서 나오지 않는 대롱옥이, 달도끼는 제천 황석리 고인돌에서 출토된바 다른 지역과의 교류를 추론할 수 있다. 66호 오상리 고인돌 옆에서 팽이토기의 아가리 부분[口緣部]이 출토되었다. 이러한 팽이토기는 서북한 지역의 고인돌이나 주거지에서 많이 출토되고 있어 이들 지역과의 연관성이 주목받고 있다.

강화 고인돌은 대개 북쪽인 고려산 지역권에 분포하고 있는데, 남쪽에는 양도면 어두부락의 어두 고인돌이 유일하다.

강화에는 대규모 하천은 없지만 산지의 골짜기로부터 형성된 소하천이 곳곳에 발달해 있고, 고인돌군 대부분이 이 소하천을 중심으로 분포하고 있다. 때문에 대부분의 고인돌은 경작 여건을 고려하여 용수를 확보할

삼거리 선사유적에서 출토된 팽이형 토기편

수 있고, 경작이 가능한 곡간지나 산록 경사면, 선상지(扇狀地)에 분포하고 있다. 또한 강화에 간석지가 생기기 전으로 복원시킨 해안선을 보면 삼거리 고인돌 분포 지역의 북쪽 지역에 넓은 갯벌이 펼쳐져 '고려산-봉천산-별립산'을 따라 깊은 만(灣)이 형성되어 있고, 내만(內灣) 어업을 통해 수산자원의 획득이 용이하여 도서지만 고인돌이 많이 분포하고 있는 것으로 보인다.

강화 고인돌은 대개 군집을 이루고 있지만 강화 지석묘, 양오리 고인돌, 대신리 고인돌, 점골 고인돌 등은 단독으로 소재하고 있다. 대개 규모가 크고 넓게 조망할 수 있는 구릉 꼭대기나 평지에 자리 잡고 있어서 마을의 영역 표시나 기념물로 보인다.

강화 지역 고인돌 156기를 분석해 본 결과 탁자식이 78기(55%), 개석식이 68기(45%)로 탁자식이 많으나 지형의 변화에 의해 탁자식이 개석식으로 변형될 수도 있는 것을 감안하면 강화는 탁자식이 주류를 이루고 있다 할 것이다.

2012년에 〈고인돌사랑회〉에서 조사한 모니터링 보고서를 근거로 강화 고인돌 전체 157기의 분포 현황을 보면 다음 표와 같다.

강화 고인돌의 지역별 현황

구 분	고인돌명	분포(기)	구 분	고인돌명	분포(기)
강화읍	대산리 고인돌	1(1)	내가면 고천리	고천리 고인돌군 적석사 고인돌군	20(20) 4
하점면 부근리	강화 지석묘 부근리 고인돌군 대촌 고인돌군 점골 고인돌 소목골 고인돌	1(1) 10(9) 4 1(1) 1	내가면 오상리	오상리 고인돌군 고상골·성광 고인돌	12(12) 2
			내가면 계		38(32)
하점면 삼거리	소동 고인돌군 천촌 고인돌군 삼거리 고인돌군 신삼리 고인돌	9 13 9(9) 1	양사면 교산리	교산리 고인돌군 묵곡 고인돌군 증산 고인돌군 덕응·덕고개 고인돌군	13(13) 8 7 3
하점면 이강리	성경 고인돌군	3 3	양사면 북성리	요곡·말미 고인돌	3
			양사면 덕하리	덕하리 고인돌군	2
하점면 신봉리	신봉리 고인돌	1	양사면 계		36(13)
하점면 창후리	뒷물 고인돌 사촌 고인돌군	1 4	송해면 상도리	황촌리 고인돌군	4(4)
하점면 망월리	망월리 고인돌군	5	송해면 하도리	오류내 고인돌군 아랫말 고인돌군	8 5
하점면 계		63(20)	송해면 양오리	양오리 고인돌	1
양도면 도장리	어두 고인돌	1	송해면 계		18(4)

* 고인돌사랑회, 《세계유산 강화 고인돌 모니터링 보고서》, 2012
* (   )는 세계유산 고인돌

강화군의 고인돌 조사

강화 고인돌에 대한 전반적이고 체계적인 현장 조사를 한 것은 1992년 〈한국정신문화연구원〉(이형구)에서 시작한 이래 많은 조사로 150기 이상의 고인돌이 확인되었다.

강화 고인돌에 대한 조사는 1913년에 조선총독부에 의하여 하도리 고인돌의 발굴 조사가 시행되었으나 본격적으로 조사된 것은 1967년 국립박물관의 김재원·윤무병에 의해 삼거리 유적이 처음이다. 그 후 강화도 고인돌에 대한 주요 조사 및 연구 성과물로는 1992년 이형구의『강화 고인돌 무덤 조사 연구』, 1999년 서울대박물관의『한국 지석묘 종합 조사 연구』,〈서울대학교 인문학연구소〉의『강화도 고인돌군』, 2002년 인하대박물관의『강화 지역 선사유적 유물』,〈대한불교조계종 문화유적발굴조사단〉의『강화도의 선사유적』, 2006년 우장문의『경기 지역의 고인돌 연구』등이 있다.

강화 고인돌의 조사

연도	조사기관 및 연구자	보고서	조사 고인돌(기)
1992	이형구	강화도 고인돌 무덤 조사 연구	80여 기
1999	임효재·양성혁	강화도 고인돌군	127
2002	서영대·김석훈	강화 지역의 유적·유물	145
2002	대한불교조계종 문화유산조사단	강화의 문화유적	157
2002	강동석	강화 지석묘의 구조와 분포 분석	156
2003	유태용	한국 지석묘 연구	165
2005	세종대박물관(하문식)	강화 지역 고인돌 실측 보고서	
2008	우장문·김영창	세계유산 강화 고인돌	152
2012	우장문·김영창	세계유산 강화 고인돌 탐방	157

〈고인돌사랑회〉의 양오리 고인돌 조사

　2012년 〈고인돌사랑회〉 조사에서는 '덕하리 고인돌'이 새로이 발견되어 현재 고인돌은 157기로 집계되어 있다.
　세계유산 강화 고인돌은 하문식 교수와 강동석의 보고서를 중심으로 서술하였다.

세계유산 강화 고인돌의 분포

　세계유산 강화 고인돌은 고려산 일대의 부근리 고인돌군, 삼거리 고인돌군, 고천·오상리 고인돌군과 별립산 일대의 교산리 고인돌로 나눌 수 있다. 학계에서는 고려산 일대 고인돌군과 별립산 일대 고인돌군은 각기 다른 집단이 독립된 생활공간을 유지하여 축조한 것으로 보기도 한다.
　강화의 탁자식 고인돌은 한반도의 서북부인 황해도·평안도 지방과 만주, 요동반도 일대에 연결되고 있어 동북아시아 무덤문화에서

중요한 한 축을 차지하고 있다. 특히 교산리 고인돌군이 있는 교산리
는 강화 해안의 최북단 지역으로 북한의 예성강 어구까지 불과 2~
3km의 거리이며, 서해와 개풍 지역까지 관찰할 수 있다는 점에서 이
곳이 남한과 북한 고인돌의 맥을 이어 주는 중요한 역할을 했을 것으
로 추정하고 있다.

세계유산 등록 당시 강화 고인돌은 중요성의 서술에 있어 "고려산
을 중심으로 반경 4km 내에 100여 기가 집중되어 하나의 특수한 지
역을 이루고 있다는 사실은 고대국가의 형성 과정에서 중요한 시기
로, 강화도의 실체를 규명하는 데 매우 중요한 고고학적 자료일 뿐 아
니라 청동기 문화에 대한 당시 사람들의 정신상, 사회상, 묘제상 등을

세계유산 강화 고인돌 현황

구 분	문화재 지정	분포(기)	지 역
강화 지석묘	사적 137호	1	하점면 부근리
강화 부근리 고인돌군	지방기념물 44호	13	하점면 부근리 송해면 상도리
강화 삼거리 고인돌군	지방기념물 45호	9	하점면 삼거리
강화 고천리 고인돌군	지방기념물 46호	20	내가면 고천리
강화 내가 오상리 고인돌	지방기념물 16호	1	내가면 오상리
강화 오상리 고인돌군	지방기념물 47호	11	내가면 오상리
강화 교산리 고인돌군	지방기념물 48호	13	양사면 교산리
강화 대산리 고인돌	지방기념물 31호	1	강화읍 대산리
강화 부근리 점골 고인돌	지방기념물 32호	1	하점면 부근리
계		70	

* 강화 지석묘는 부근리 고인돌군, 내가 오상리 고인돌은 오상리 고인돌군에 분
류하기도 함.

알 수 있는 귀중한 자료로서 선사문명의 독특성을 볼 수 있는 귀중한 문화유산"이라고 밝히고 있다.

　강화 고인돌의 고유 번호는 1999년 서울대박물관의 조사 시 붙여졌으며, 각 고인돌에 세워진 표석은 강화군과 〈고인돌사랑회〉에 의해 2010년 강화 고인돌 모니터링 시 세워졌다.

세계유산 강화 고인돌의 특징

　강화 지역은 지리적으로 한반도의 서북부 및 요동반도 일대와 근접하여 문화 접촉이 용이했을 것으로 보이며, 한강·예성강·임진강과 같은 주요한 강에 인접하여 해안 및 내륙 지역과 꾸준한 문화적 관계를 형성했을 것으로 보아 강화 고인돌에 많은 영향을 미쳤을 것이다.

탁자식 삼거리 고인돌 41호

강화 고인돌의 특징은 모두 일곱 가지로 정리할 수 있다.

첫째, 강화 고인돌은 고려산·별립산·봉천산 등 산지를 중심으로 집중적으로 분포한다는 점이다. 특히 고려산 일대를 중심으로 집중적으로 분포하고 가장 북쪽의 별립산과 봉천산 일대에도 분포하는 등 강화도의 북쪽에 주로 분포하며, 남쪽에는 거의 분포하지 않는다.

둘째, 점골 고인돌이나 대산리 고인돌을 제외한 나머지 고인돌들은 대체로 군집을 이루고 있다는 점이다.

셋째, 4m 이상의 대형 고인돌보다는 2m 이하의 소형 고인돌이 많다. 강화 고인돌은 산의 경사면에 집중적으로 분포하고 있는데, 이는 지금의 평지가 당시에는 바다나 갯벌로 되어 있던 지역이어서 대형 고인돌의 축조가 어려웠을 것이기 때문으로 보인다. 또한 덮개돌의 두께가 70cm를 넘지 않는 등 대부분 얇다는 특징도 있다.

넷째, 강화 고인돌은 탁자식 고인돌 비중이 가장 높다. 탁자식 고인돌이 많은 것으로 알려진 북한 지역보다도 높은 비중을 차지하는 점이 강화 고인돌의 특징이다. 그리고 개석식 고인돌은 분포하지만 바둑판식 고인돌은 보이지 않는다.

다섯째, 고천리 고인돌은 다른 지역보다 훨씬 높은 장소에 위치한다는 점으로 우리나라에서 가장 높은 곳에 위치하는 고인돌로 기록된다. 이는 축조 집단의 생활공간 연구에 많은 도움을 주고 있다.

여섯째, 고창이나 화순에는 채석장이 많이 보이지만 강화에는 공식적으로 인정된 채석장은 '삼거리 고인돌군'뿐이며 소규모에 지나지 않는다. 고천리 고인돌군과 교산리 고인돌군에서 채석 흔적이 보이지만 아직 논란이 분분하다.

일곱째, 강화 고인돌에는 성혈이 아주 적게 발견된다는 점이다. 세계유산 고인돌 중에는 점골 고인돌이나 삼거리 고인돌(46호)에서만 발견된다.

세계유산 강화 고인돌의 조망

강화 고인돌의 조망은 1999년 서울대박물관의 보고서를 중심으로 하고, 2005년 세종대박물관의 실측 보고서 등을 참고하여 작성하였다.

하점면

강화 지석묘(강화 부근리 지석묘)

강화 지석묘(사적 제137호)는 우리에게 가장 친근하게 느껴지는 고인돌로, 우리나라 거석 기념물의 상징적인 유적이라고 할 수 있다. 강화군 하점면 부근리 317번지 강화고인돌공원 내에 강화역사박물관과 함께 위치한 강화 지석묘는 1964년에 사적으로 지정되었으며, 2000년 12월 세계유산의 지정에도 중심적인 역할을 했다고 볼 수 있다.

강화 지석묘는 고려산 북쪽의 시루메산(봉) 아래로 길게 뻗은 완만한 언덕 끝자락의 해발 20~30m 높이의 대지상에 위치하고 있으며, 고인돌의 북쪽으로는 서해로 흘러가는 금곡천이 있다. 두꺼운 판석

받침이 동북−서남향을 장축으로 나란하게 세워져 '二' 자 평면을 이루고 있으며, 그 위에 부정타원형의 덮개돌이 올려 있는데, 20°(우측 24.9°·좌측 15.6°) 정도 남쪽으로 기울어진 상태이다. 받침돌은 남동쪽으로 약 30° 기울어져 있는데, 원래 세울 때의 공법이었는지 수천 년의 세월이 흐르면서 토사 유출과 덮개돌의 무게 때문인지 알 수 없으나 2004년 강화군의 정밀안전진단 결과 받침돌이 땅속에 묻혀 있어 안전에는 큰 문제가 없는 것으로 밝혀졌다. 북쪽의 받침돌은 윗면의 가운데서 서쪽 부분이 덮개돌과 맞닿아 있는데, 이는 그랭이 공법을 활용한 것으로 보인다.

양쪽 막음돌이 없는 상태에서의 무덤방 크기는 4.52㎡(452×100㎝)이다. 이렇게 무덤방이 길이에 비해 좁은 경우에는 대부분 마감돌을 받침돌 안으로 깊숙하게 들여세워 'ㅍ' 자의 평면을 이루었을 것으로

강화 지석묘

강화 지석묘 제원

구조물	제	원	
덮개돌	길이 폭 두께 하중		6.40cm 5.23m 1.12m 53톤
받침돌	높이	좌	1.85m
		우	1.55m
	길이	좌	4.33m
		우	4.52m
	하중	좌	13톤
		우	9톤

* 강화군,《정밀 안전진단 보고서》, 2004

보인다.

무덤방 입구는 덮개돌이 튀어나와 있는 서남쪽이었던 것으로 보이며, 서북쪽에는 널찍한 공간이 마련되어 있어 고인돌 측면의 대지에서 장례와 제의를 치른 것으로 보인다.

고인돌의 석재 재질은 최근 정밀조사에서 덮개돌은 미그마타이트질 편마암으로, 좌측 받침돌은 운모편암, 우측 받침돌은 화강암질 편마암으로 각각 밝혀졌다. 덮개돌의 무게는 53톤(파손되지 않은 부분을 포함하면 원래는 이보다 훨씬 더 무게가 나갔을 것임.)에 달하고, 덮개돌을 포함한 전체 높이는 2.454m이다. 한편, 좌측 받침돌은 13톤, 우측 받침돌은 약 9톤으로, 덮개돌과 합한 강화 지석묘의 총 하중은 75톤에 달한다. 덮개돌에 사용된 석재는 약 1.5km 떨어진 고려산 또는 시루메산(봉)에서 운반된 것으로 보이고, 반경 300m 이내에 있는 15호,

118～120호 고인돌과의 연관성도 주목할 수 있을 것이다.

강화 지석묘의 용도는 강화 북부 지역의 축조 집단을 통합한 강력한 지배자의 무덤이거나 제단 용도로 만든 것으로 파악되고 있다.

강화 부근리 고인돌군

하점면 부근리는 고려산 북쪽 봉우리인 시루메산(봉) 능선 하단부에 조성된 평지 위에 위치한다. 부근리 고인돌군은 대개 3～4기가 한 집단을 이룬 상태로 조성되어 있는데, 해발 고도 50m 내외의 낮은 구릉이나 평지에 위치한다. 하점면과 송해면의 경계 부분에 해당하는 이곳은 북쪽으로 금곡천이 흐르고 남동쪽에 오류천의 지류가 흐르고 있는데, 고인돌이 물과 가까운 곳에 많이 만들어졌음은 당시의 사람에게도 물이 얼마나 중요했는지를 잘 보여 준다.

세계유산 부근리 고인돌군은 사적 제137호로 지정된 탁자식 고인돌을 중심으로 주변에 13기가 분포한다. 13기의 위치를 구체적으로 살펴보면 남서쪽에 1기(15호), 북동쪽의 솔밭에 3기(19·20·116호), 여기에서 다시 북쪽으로 100m 정도의 거리의 논둑에 1기(117호), 구릉성 야산에 8기(10～14호, 118～120호)가 있다.

사적 제137호 고인돌의 남서쪽으로 약 150m 떨어진 곳에(고인돌 공원 입구 쪽)는 15호 고인돌이 있다. 이 구조물은 받침돌로 추정되며 30° 정도 기울어진 채 비스듬히 서 있다. 재질은 흑운모편암이고 전체적으로 편평한 편인데, 평면 생김새는 타원형에 가깝다. 장축은 사적 137호와 같은 남북 방향이고, 크기는 길이 326cm, 높이 200cm, 두께 40～60cm이다. 이 구조물은 강화 지석묘에 버금가는 대형 고인돌

15호 고인돌

솔밭 고인돌 19~20호

황촌부락 고인돌 11호

로 축조된 것으로 보이는데, 1930년대까지는 동쪽에도 같은 모양의 구조물이 서 있었다고 한다.

부근리 산 9-1번지 구릉성 야산에 있는 118~120호 고인돌은 화강편마암이며, 덮개돌과 받침돌만 남아 있거나 덮개돌이 파손된 상태 등 보존 상태가 좋지 않다. 10~13호 고인돌은, 행정구역은 송해면 상도리에 속하며 '황촌부락 고인돌'로 불린다. 10·11호는 탁자식으로, 10호 덮개돌은 아래쪽 급경사면에 쓰러져 있고, 11호 덮개돌은 425×350×40cm의 대형급으로 구릉사면 위쪽에 비스듬히 놓여 있으며 보호 철책이 있다. 12·13호는 개석식으로 능선 끝자락에 자리하고 있는데, 13호는 위태롭게 놓여 있다. 14호는 '소목골 고인돌'로 불렸으며, 주변에서 마제석검이 발견되기도 하였다.

강화 부근리 점골 고인돌

점골은 그릇을 굽는 가마가 있어서 붙여진 지명으로, 고인돌은 고려산 북쪽 주능선의 끝자락에 형성된 해발 20m의 낮은 대지상에 위치하고 있다. 1967년에 발행된『한국 지석묘 연구(韓國支石墓硏究)』에 소개된 전형적인 탁자식 고인돌로, 부근리에서 삼거리로 연결되는 중간에 위치하며 고유 번호는 24호이다. 2009년, 〈국립문화재연구소〉에 의해 발굴 조사되었는데 화살촉 등 소수의 유물이 수습되었으며, 2010년 9월에 복원되었다.

복원되기 전의 상태는 동쪽 받침돌과 북쪽 막음돌이 쓰러져 있었으며, 남쪽 막음돌은 덮개돌 아래에 깔려 있었고, 서쪽 받침돌은 동쪽으로 기울어져 있었다. 그리고 덮개돌 아래로 20~30cm의 할석과 흙

2010년 9월에 복원된 점골 고인돌

복원 전의 점골 고인돌

으로 채워져 있었는데, 이것은 고인돌을 만들 때 흙과 돌로 돋운 후 그 위에 덮개돌을 둔 것이거나 주변 밭을 경작하면서 돌을 고인돌 밑에 버린 것으로도 볼 수 있다.

흑운모화강암으로 된 덮개돌은 타원형의 판석으로 크기는 394× 366×30~60cm 정도이고, 장축은 남북향이다. 덮개돌 아래 깔려 있는 동쪽 받침돌은 270×120×20cm이며, 서쪽 굄돌은 304×132× 40cm이다. 평면 생김새가 사다리꼴에 가깝고, 아래에서 위로 갈수록 두께가 얇아지며, 덮개돌과 받침돌에 그랭이질 흔적이 완연하다. 덮개돌 위에는 성혈 2개가 보인다. 이곳에서 약 70m 북쪽 지점인 삼거리 소동부락에서 선사 주거지가 발견되었다.

강화 삼거리 고인돌군

삼거리 지역은 강화 지역에서 소하천이 가장 발달한 지역으로, 고려산의 깊은 골짜기에서 형성된 하천이 넓은 곡간지대를 따라 계절과 관계없이 흐르고 있어 용수가 풍부한 지역이다. 그러므로 대규모 취락이 형성될 수 있는 여건을 갖추고 있어 고인돌을 구축하기에 알맞은 지역이라고 할 수 있다. 이곳은 고려산 서북쪽 계곡에서부터 소하천들이 흘러 내려와 서쪽의 삼거천(三巨川)에 모여 서해로 들어가는 곳이며, 하점면 일대의 평야가 조망되는 곳이어서 이러한 환경이 고인돌 축조 당시에도 고려되었을 것임을 짐작할 수 있다.

하점면 일대의 평야가 한눈에 조망되는 샘말 뒤편 고려산 정상 북서 사면으로 뻗은 능선(해발 200~250m)과 나란하게 고인돌 9기가 있다. 이 중 가장 크고 상태가 양호한 고인돌은 41호로, 2매의 받침돌과

삼거리 고인돌 41호

삼거리 고인돌 42호

1매의 막음돌이 남아 있는 탁자식이다. 덮개돌 아래의 받침돌은 서쪽으로 기울어져 있고, 덮개돌은 옆으로 쓰러져 동쪽 받침돌에 기댄 채 비스듬히 놓여 있는데, 도굴 흔적으로 보인다. 덮개돌의 장축은 남북향이며, 크기는 242×186×45~50cm이고, 암질은 화강편마암이다. 받침돌은 동쪽과 서쪽의 것이 193×52×26cm, 북쪽 막음돌이 72×40×30cm이다. 덮개돌에는 강화 고인돌에서는 잘 보이지 않는 성혈 8개가 새겨져 있는데, 그 크기는 길이 4cm, 깊이 1~2cm 정도이다.

41호 고인돌을 중심으로 산릉선 위쪽에 4기(42~45호), 그 아래쪽에 4기(46~49호)의 고인돌이 있다. 47·48호 고인돌 아래쪽에는 채석 흔적이 보인다. 이곳에서 위쪽으로 오르면 고려산 능선으로 연결되어 고천리 고인돌군을 볼 수 있으며, 이 코스는 2013년 〈고인돌사랑회〉 조사에 의해 '강화나들길 19코스'로 지정되었다.

내가면

강화 고천리 고인돌군

고려산은 사면 경사가 가파르고 해발 고도가 436m이다. 고려산 북쪽으로는 삼거리 고인돌군이, 남서쪽 하단에는 오상리 고인돌군이 있다. 위치로 보아 삼거리 고인돌과 오상리 고인돌의 중간 지점이며, 삼거리 고인돌이 소재하는 능선과 연결되어 있어 삼거리 고인돌을 축조한 집단과 동일한 집단이 축조한 것으로 추정된다.

고천리 고인돌군은 고천 4리 마을 뒤편에 있는 고려산 정상에서 적석사 낙조봉으로 이어지는 능선 서쪽 정상부에 위치하는데, 이곳

고천리 고인돌 1군

고천리 고인돌 2군

은 해발 250~280m로 현재까지 확인된 강화 고인돌 중 가장 높은 지점에 해당한다. 앞쪽으로는 혈구산이 바로 보이고, 그 사이로 강화읍과 내가면을 연결하는 도로가 있다.

　고천리 고인돌군은 20기의 고인돌이 있는 것으로 확인되고, 크게 세 곳에 군집을 이루어 분포하고 있다. 1군(68~70호)은 모두 3기의 고인돌이 8부 능선에 해당되는 산중턱에 분포하며, 이곳은 고인돌 표지판을 따라 능선 정상부로 올라가다 보이는 약수터 근처에 해당한다. 2군(72~82호)은 11기로 가장 높은 곳에 위치하며 능선의 편평한 지형에 분포하는데, 1군의 고인돌에서 낙조봉 방향으로 300m 정도의 거리에 있다. 이 중 81호는 크기가 260×190×40cm이며 해발 280m에 위치하고 있는데, 우리나라에서 가장 높은 곳에 위치한 고인

우리나라에서 가장 높은 곳에 위치한
고천리 고인돌 81호

무덤방이 보이는 탁자식 고인돌 69호

돌이라고 할 수 있다. 동서 20m, 남북 10m 정도 규모의 면적에 밀집
되어 있고, 주변에서는 채석 흔적으로 보이는 곳이 관찰되기도 한다.
3군(83~88호)은 6기로, 가장 서쪽에 위치한다. 2군에서 낙조봉 쪽으
로 등산로를 따라 500m 정도의 거리에 위치한다.

고천리 고인돌군 중에서 비교적 상태가 양호한 것은 내가면 고천
리 산 115번지에 위치하는 1군의 69호 고인돌이다. 이 고인돌은 전형
적인 탁자식 고인돌로 받침돌 2매, 막음돌 1매가 있다. 북쪽과 서쪽
은 윗부분이 흙으로 덮여 있으며, 덮개돌은 남쪽으로, 양쪽 받침돌은
동쪽으로 약간 기울어져 있다. 덮개돌은 324×250×70cm이며, 가장
자리 부분을 따라 치석한 흔적이 보인다. 무덤방은 안쪽으로 움푹하
게 패여 있어서 도굴 흔적으로 추정되는데, 크기는 170×70cm 정도
로 나타난다.

강화 오상리 고인돌군

고려산 서쪽 낙조봉 끝자락의 해발 76m 지점의 조그만 야산에 위

치하고 있다. 이 중 가장 크기가 크고 위쪽인 남쪽에 위치한 고인돌은 강화 내가 오상리 고인돌로 잘 알려져 있으며, 12기로 밀집도가 높다. 강화의 고인돌이 모두 고려산 북쪽에 분포하는 반면 오상리 고인돌은 유일하게 고려산 남쪽에 분포하고 있으며, 뒤쪽으로 고려산이 조망된다.

오상리 고인돌군에서 찾을 수 있는 특징은 받침돌의 높이가 50㎝ 안팎으로 덮개돌의 크기에 비해 고인돌의 전체 높이가 비교적 낮은 모습이며, 막음돌이 보존되어 있다는 점이다. 고인돌의 장축 방향은 대부분 북동-남서로서 하부 구조는 소형의 석관처럼 설치되어 있

오상리 고인돌군

다. 무덤방은 'Ⅱ'자 모양이고, 받침돌이나 막음돌을 세울 때 튼튼하게 하기 위하여 주변에 쐐기돌을 사용하기도 하였다. 무덤방의 바닥은 대부분 맨바닥을 그대로 사용하였으나 3기는 판돌이나 깬돌이 깔려 있다. 또한 무덤방의 주변에는 돌을 깔거나 쌓아서 하나의 묘역을 형성하고 있으며, 동시에 무덤방을 보호하는 역할도 하였다.

2000년에 선문대학교에서 이곳을 발굴한 결과, 구석기시대의 뗀석기, 청동기시대의 마제석검, 돌화살촉, 바퀴날도끼, 반달돌칼, 갈판 등의 석기와 민무늬토기, 붉은간토기 같은 유물이 출토되었으며, 현재는 잘 복원되어 강화군에서는 소공원 형식으로 조성해 놓았다.

오상리 고인돌에서 출토된 다면석기
(강화역사박물관)

오상리 고인돌 중 11기는 무덤방이 능선의 방향과 일치하지만 강화 내가 오상리 고인돌은 능선과 직각을 이루고 있고, 덮개돌의 크기도 다른 것에 비하여 월등히 크다. 따라서 다른 고인돌이 무덤의 역할을 했다면 56호 고인돌은 묘표석의 역할을 한 것으로 추정하기도 한다. 덮개돌은 370×335×50cm로, 130~260㎝인 다른 11기(57~67호)의 덮개돌을 감안한다면 매우 크다. 남쪽 받침돌이 205×50×10cm, 북쪽의 것이 210×40×15cm이며, 서쪽의 막음돌은 50×50×5cm, 동쪽의 것은 상부가 절단되어 없어져 밑부분만 남아 있다. 크기는 50×10(잔존)×5cm이고, 모두 흑운모 편마암으로 이루어져 있다.

이 고인돌군에는 크기가 작은 것도 있기 때문에 가족 무덤이 아닌

가 하는 주장도 있으며, 유아장이나 세골장을 했을 것이라는 견해도
있다.

양사면

강화 교산리 고인돌군

교산리 고인돌이 있는 양사면 교산리는 강화도의 가장 북쪽으로,
한강 건너편에는 개풍군(북한)이 위치하는데, 예성강까지는 불과
2.3km의 거리에 불과하다. 양사면은 해발 400m 정도에 가까운 별립
산과 봉천산을 축으로 서북쪽은 서해이고, 남쪽은 하점면, 동쪽은 송
해면과 경계를 이룬다. 또 이 지역의 남쪽에는 간척에 의한 경작지가
펼쳐져 있다.

교산리 지역에는 모두 28기의 고인돌이 분포하는 것으로 보고되
고 있는데, 이 중 서남쪽에 별립산과 동쪽에 봉천산이 만나 형성된 구
릉의 능선에 있는 13기가 세계유산 교산리 고인돌군이다. 13기를 구
체적으로 살펴보면 4개의 군집으로 나눌 수 있다. 1군으로 교산리 산
108번지에 5기(111~113호, 115호, 123호), 2군으로 산 309번지와 311
번지에 2기(109·110호), 3군으로 산 137번지에 3기(101~103호), 4군
으로 산 139번지에 3기(104·105·145호)가 소재한다.

1군은 소공원 형식으로 강화군이 잘 조성해 놓았지만 이곳에 들어
서면 고인돌과 숲이 주는 적막감에 휩싸이게 된다. 1군은 인적이 드
문 야산에 축조되어 있어 고인돌의 원형이 비교적 잘 보존되어 있으
나 도굴 흔적으로 보이는 덮개돌 대부분이 비스듬히 비껴져 있다. 특

교산리 고인돌 1군

북한 개풍군이 보이는 교산리 고인돌 115호

히 무덤방은 긴 방향이 능선의 방향과 대각선으로 만들어졌다는 것이 특징이라 하겠다. 1군의 고인돌 중 115호는 강화 연해와 북한의 개풍군을 조망할 수 있는 구릉에 위치하고 있어 북한 고인돌의 맥을 잇는 상징적인 고인돌로 생각해 볼 수 있다. 115호는 재질이 흑운모 편마암이며, 크기는 260×170×35~40cm이다. 가장자리를 따라 치석 흔적이 많이 보이고 덮개돌이 북쪽으로 기울어져 있는데, 북쪽 벽면의 파괴된 무덤방 때문으로 그 크기는 100×60cm 정도이다. 이 고인돌 아래쪽에는 채석 흔적으로 보이는 지점이 보이기도 한다.

1군과 2군의 고인돌은 교산리 고인돌 주차장에 들어서면 쉽게 찾을 수 있으나 3군과 4군 고인돌은 양사면사무소 맞은편 길로 들어가야 한다. 산릉선의 절개된 부분 왼쪽으로 3군, 오른쪽에 4군이 위치하고 있다. 3군과 4군 모두 덮개돌이 흑운모 편마암으로 되어 있다.

덮개돌과 받침돌이 쓰러져 있는 교산리 고인돌 4군 104호 고인돌

101호 고인돌은 탁자식으로 덮개돌, 받침돌, 파괴된 막음돌 2매가 있어 고인돌의 형태를 제대로 볼 수 있으나 103·104호 고인돌은 탁자식으로 보이지만 받침돌이 제대로 식별되지 않는다. 104호 고인돌은 덮개돌과 받침돌이 쓰러져 있는 탁자식이며, 105호와 145호 고인돌은 형태가 불완전하나 역시 탁자식으로 볼 수 있을 것이다.

강화읍

강화 대산리 고인돌

강화읍 대산리 1189번지에 위치하며 강화읍에 있는 유일한 고인돌로, 고유 번호는 1호이다. 덮개돌 크기는 376×234×40~60cm이고, 가장자리를 따라서는 손질한 흔적이 많이 보인다. 평면은 타원형이고, 3매의 받침돌이 있는 탁자식 고인돌로서 하부의 받침돌은 쓰러져 있다. 고려산의 동쪽 봉우리인 북산의 북쪽 가지 능선의 맨 마지막 자락인 표고 약 20m에 위치하고 있으며, 주변의 납성개 들판이 한눈에 들어오는 곳에 자리 잡고 있다.

대산리 고인돌의 받침돌은 매끈하게 손질되어 있고 받침돌의 크기는 동쪽의 것이 230×112×30×cm, 서쪽의 것은 253×120×28~52cm, 남쪽의 막음돌로 추정되는 판석은 70×60×14cm이다. 무덤방은 받침돌이 쓰러져 있고, 잡석과 흙이 채워져 있어 상태가 잘 보이지 않는다. 덮개돌의 장축은 능선의 흐름과 같은 남-북이고, 암질은 흑운모편마암이며, 주변에는 안내판과 함께 철책을 둘러 고인돌을 보호하고 있다.

대산리 고인돌

납성개 들판이 보이는 대산리 고인돌

참고문헌

가종수, 『지금도 살아 숨쉬는 숨바 섬의 지석묘 사회』, 북코리아, 2009

강동석, 「江華 北部地域 支石墓社會의 聚落類型 硏究」, 성균관대학교 석사
　　　학위논문, 2002

고려구조이엔지, 『정밀안전진단 보고서-강화 지석묘』, 인천광역시 강화군,
　　　2004

고인돌사랑회, 『세계유산 강화 고인돌 모니터링 보고서』, 2012

고창군·원광대학교, 『高敞,竹林里一帶支石墓群』, 1992

국립나주문화재연구소, 『한국 지석묘』 1~5, 2011

국립박물관, 『韓國 支石墓 硏究』, 1967

국립창원문화재연구소, 『昌原上南支石墓群』, 1999

김일권, 「별자리형 바위 구멍에 대한 고찰」, 『古文化』 51, 1998

도유호, 『조선 원시고고학』, 과학원, 평양, 1960

동북아지석묘연구소, 『세계 거석문화와 고인돌』, 2004

동아일보사, 『북한의 문화유산』, 1997

마한백제문화연구소, 『고창, 죽림리 일대 지석묘군 지표 조사 보고서』, 1992

목포대박물관·전라남도, 『화순 지석묘군(和順 支石墓群)』, 1999

목포대박물관·화순군, 『화순 대신리 지석묘』, 2002

목포대박물관·화순군, 『화순 효산리·대신리 지석묘군』, 2005

문화재청, 『고창·화순·강화 고인돌 유적』(모니터링 보고서), 2008

방선주, 〈韓國 巨石制의 諸問題〉, 《史學硏究》 20, 1968

변광현, 『고인돌과 거석문화(동남아시아)』, 미리내, 2000

불교문화유산발굴 조사단, 『강화의 문화유적』, 인천광역시, 2002

서울대학교박물관·문화재청, 『한국 지석묘(고인돌) 유적 종합조사연구』
    Ⅰ·Ⅱ, 1999

석광준, 『각지 고인돌 무덤 조사 발굴 보고』, 백산자료원, 2003

세종대학교박물관·강화군, 『강화 지역 고인돌 실측 보고서』, 2005

손진태, 「朝鮮 Dolmen에 關한 調查研究」, 『조선민족문화연구』, 동명사, 1948

송화섭, 〈고인돌 암각화의 생성 배경과 상징성 연구〉, 《백산학보》 59, 2001

우장문, 『경기 지역의 고인돌 연구』, 학연문화사, 2006

우장문·김영창, 『세계유산 강화 고인돌』, 고인돌사랑회, 2008

유태용, 〈강화도 지석묘의 축조와 족장사회의 형성과정 연구〉, 《박물관지》
    4, 2002

유태용, 『韓國 支石墓 研究』, 도서출판 주류성, 2003

유태용, 〈湖南地域 石柱式 支石墓의 構造的 性格에 대한 考察〉, 《文化史
    學》 28, 2007

유태용, 〈文獻資料에 나타난 古代人의 고인돌 인식〉, 《고조선단군학》 29,
    2013

윤호필, 「청동기시대 장송의례의 재인식」, 『무덤을 통해 본 청동기시대 사
    회와 문화』, 경남발전연구원 역사문화센터, 2012

이남혁, 〈青銅器時代 韓半島 發展段階問題〉, 《百濟文化》 16, 1985

이상균, 『고창 지석묘군 상석 채굴지 지표 조사 보고서』, 1999

이상균, 〈고창 지석묘군 상석 채굴지의 제문제〉, 《한국상고사학회》 32,
    2000

이영문, 『고인돌 이야기』, 다지리, 2001

이영문, 『韓國支石墓社會硏究』, 학연문화사, 2002

이영문, 『세계문화유산 화순 고인돌』, 동북아지석묘연구소, 2004

이영문·신경숙, 『세계유산 고창 고인돌』, 동북아지석묘연구소, 2009

이영문·신경숙, 『고인돌, 세상과 소통하다』, 지성사, 2014

이형구, 〈발해연안지구 요동반도의 고인돌 무덤 연구〉, 《정신문화연구》 32, 1987

이형구, 『강화도 고인돌 무덤 조사연구』, 한국정신문화연구원, 1992

임병태, 〈한국 지석묘의 형식 및 연대〉, 《史叢》 9, 1964

임병태, 『한국 청동기문화의 연구』, 학연문화사, 1998

임세권, 〈韓半島 고인돌의 綜合的 檢討〉, 《백산학보》 20, 1976

임효재·양성혁, 『강화도 고인돌군』, 서울대학교 인문학연구소·강화군, 1999

전영래, 『高敞雅山地區支石墓發掘調査報告書』, 全州市博物館, 1984

지건길, 『한반도의 고인돌사회와 고분문화』, 사회평론, 2014

지건길·조현종, 『여천 월내동 고인돌』, 국립광주박물관, 1992

최몽룡 외, 『한국 지석묘(고인돌) 유적 종합조사·연구』, 문화재청, 1999

최몽룡, 〈全南地方 所在 支石墓의 型式과 分類〉, 《歷史學報》 78, 1978

최몽룡, 〈全南地方 支石墓社會와 階級의 發生〉, 《한국사 연구》 35, 1981

최몽룡, 〈全南地方 支石墓社會의 編年〉, 《震檀學報》 53·54合集, 1982

하문식, 「東北亞細亞 고인돌文化의 硏究-中國 東北地方과 西北韓地域을 中心으로-」, 숭실대학교 박사학위 논문, 1997

하문식, 『고조선 지역의 고인돌 연구』, 백산자료원, 1999

한흥수, 〈朝鮮의 巨石文化 硏究〉, 《震檀學報》 3, 1935

호남문화재연구원·고창군, 『高敞고인돌 遺蹟地表調査報告書』, 2001

화순군·동북아지석묘연구소 ,『세계문화유산 화순 고인돌』, 2004

中文

陶　炎,「遼東半島的巨石文化」,『理論與實踐』, 1981-1

符松子,「遼寧省新發現兩座石棚」,『考古通訊』, 1956-2

楊洪岐,「石棚山石棚」,『遼寧大學學報』, 1992-4

王嗣洲,「試論遼東半島石棚墓与大石蓋墓的關係」,『考古』, 1996-2

王洪峰,「石棚墓葬研究」,『靑果集』, 1993

陳大爲,〈試論遼寧'石棚'的性質及其演變〉,《遼海文物學刊》1, 1991

許玉林,『遼東半島石棚』, 遼寧省文物考古研究所編 , 1994

華玉氷,「中國東北地區石棚研究」, 吉林大學 文學院 博士論文, 2008

日文

甲元眞之,〈朝鮮支石墓の編年〉,《朝鮮學報》66, 1973

藤田亮策,「大邱大鳳町支石墓調査」,『昭和十一年古蹟調査報告』, 1934

三上次男,『滿鮮原始墳墓の硏究』, 1961

관련 홈페이지

고인돌사랑회 : www.igoindol.net

동북아지석묘연구소 : www.idolmen.or.kr

국립중앙박물관 : www.museum.go.kr

국립광주박물관 : gwangju.museum.go.kr

세계유산 화순고인돌체험관 www.dolmen.or.kr

고창고인돌박물관 www.gochang.go.kr/gcdolmen

강화박물관 www.ganghwa.go.kr/open_content/museum/

빛깔있는 책들 501-14
고인돌

초판 1쇄 인쇄 | 2017년 7월 20일
초판 1쇄 발행 | 2017년 7월 30일

글 | 유태용·김영창
사진 | 김윤종·한성희

발행인 | 김남석
발행처 | ㈜대원사
주 소 | 06342 서울시 강남구 양재대로 55길 37, 302
전 화 | (02)757-6711, 6717~9
팩시밀리 | (02)775-8043
등록번호 | 제3-191호
홈페이지 | http://www.daewonsa.co.kr

값 9,800원

ⓒ 유태용·김영창, 2017

Daewonsa Publishing Co., Ltd
Printed in Korea 2017

ISBN | 978-89-369-0284-1
      978-89-369-0000-7 (세트)

이 책의 국립중앙도서관 출판시 도서목록(CIP)은 e-CIP홈페이지(http://www.nl.go.kr/ecip)에서
이용하실 수 있습니다. (CIP제어번호 : CIP2017017843)

빛깔있는 책들